日本語と日本思想

本居宣長・西田幾多郎・三上章・柄谷行人

浅利 誠

藤原書店

日本語と日本思想／目　次

日本語と日本思想

本居宣長・西田幾多郎・三上章・柄谷行人

母へ

カバーデザイン・作間順子

はじめに

日本には思想と言語の問題を正面から扱ったものは驚くほど少ない。すぐに思い当たる、わりに最近の例としては、廣松渉、小林敏明、木村敏といった人たちの論考、「コトとモノ」についての論考とでも言うべきものがある。この三氏は西田幾多郎の優れた理解者としても知られているが、彼らの日本語論考は、むろん、本居宣長の「こと・事・言」論考を想起させる。もう一つただちに思い当たるのは、「コトとモノ」について本格的に語った日本の思想家が和辻哲郎であり、彼らは和辻にも一定の敬意を表しているということである。

ところで、和辻を含むこれら四氏の論考は、語源学的・語義学的なものではあるが、文法論的なものであるとは言い難い。これは考えてみると奇妙なことではないだろうか。というのは、宣長の「語学説」が文法論を核心部に持っていたからである。宣長は、彼の語学説の中で、母語の文法に真正面から向き合った人物でもあったのである。そのことを、今日、三上章が教えてくれる。宣長は文法論的省察においても優れた人物であったのである。この点については、ハイデガーの『形而上学入門』の中の「〈ある〉《ザイン》という語の文法と語源学とによせて」が参考になるだろう。ハイデガーが文法と語源学とを並列させていることに注意してほしい。彼は文法にも同等の重要性を与えているのである。その点、宣長以降の日本の思想家の多くは文法の基本的な知識を欠いているのではないだろうか、と私は疑っている。また、本書では、もっぱら文法学者としての宣長に注目することにしたということをお断りしておく。彼は時枝誠記のみならず三上章という日本屈指の文法学者に決定的な影響を与えた人物でもあるのである。

母語に対して超越論的であることは難しい。また、母語を「外部の視座」から問うのは難しい。しかし、そうすることによってしか母語は問われないのかもしれない。そうであるとすれば、私たちははじめからこの困難の中にあることになる。

私は、母語の文法を問うことが何を意味するのかを自分の日本語教師の経験をとおして徐々に理解できるようになった。人が空気のようなものと感じている言語の文法を知ることは想像以上に難しい。また、必要にでも迫られない限り母語の文法に向き合う経験を持つことは稀である。私にとって幸いだったのは、日本学部の教師だったことである。私は、ある時期から、自分の置かれている立場を意識的に利用することにした。それは日本語教師の経験に問いかける立場に立つことを意味した。それは、圧倒的多数がフランス語を母語とする者と向かい合う立場であった。私の置かれた環境とは、私の母語とフランス語の二言語の間にある差異に目覚めざるをえない環境であったと言える（二つ以上の外国語が同時に問題になるような場面の教師体験はないので、私にはそれを語る資格がない）。

フランス人に日本語を教えるという経験において、私には焦点となる事象が三つあった。（1）「場所格の助詞の使い分け」、（2）「ハとガの使い分け」、（3）「動詞のテ形（「食べる」に対する「食べている」）の使い分け」の三つである。そしてこの三つは、私の学生がなかなか理解しない例の中でも特別に興味をそそるものであった。この三点をめぐって私が気づいたことは、フランス人学生にとっての困難が日本語とフランス語との文法論的ズレ、構造的（本質的）差異に由来しているということであった。（1）は、フランス語の前置詞と日本語の格助詞を比較することによって学生の困難の理由が理解できると私は考えている。（2）は、非常に厄介で、本書全体を以て私なりの結論にいたるしかなかった。（3）については、フランス語と日本語の「時制」の大きな差異が原因であることは明らかである。いつか機会を改めて論じてみたいと思っているが、理解のためのポイントは「食べているところです」と「食べています」との間にある差異を把握することであると私は考えている。ところで、信じ難いことに、この三つの事象には、実は、まだ正解と呼べるものが与えられていないようなのである。私は三上章の文法論から多くのものを学んだが、三上という傑出した文法学者でさえ、私の見るところ、この三点に説得力のある答えを与え得ていないのである。こうした（準）確信を持つにいたったのはごく最近のことであり、本書の中で引用されている日本の著名な言語学者の仕事を参照した後にいたりついた確信なのである。

本書の前半部を構成する最初の四章では、「場所格」を中心に、格助詞について語ることから始めた。第一の理由は、格助詞から始めない限り「ハとガの使い分け」を論ずることができないと考えたからである。第二の理由は、西田幾多郎の「場所」の概念を理解するためにも、本居宣長による「ハ」の定義を理解するためにも不可欠な前提条件をなすと考えたからである。次の段階として、私は「ハと格助詞全体との境界画定」を考察の対象に選んだ。そして前半部の最後に「係り結び」と「ハ」の関係（テニヲハにおいて占めるハの位置）を問うことにした。私の手引きとなったのは、主に、三上章、西田幾多郎、本居宣長の三名であった。そして、私は、最終章で述べているように、この三名がある枢要な一点で確実に交差していることを確認することになったのである。広義の「係り結び」の「結び」という一点においてである。

後半部をなす残りの四章は、日本の思想家がどのように母語で思考することを実践したかの例をいくつかあげている。時枝誠記は、本居宣長の言語説から枢要な着想を得た言語学者だが、その時枝にかなりの影響を与えたと思われる西田幾多郎は、母語を問うというテーマにおいて絶対に欠かせないものに思えた。私には、柄谷行人による宣長、西田、時枝についての論考が大いに参考になったが、できるだけ柄谷とは別の視点から語るよう努めた。柄谷の「文字論」から受けた衝撃は強烈ではあったが、私の関心は、むしろ柄谷行人の文字論と三上章の構文論とが出会う地点に向けられたのである。両者の突き合わせは、しかし、最終章にいたって、ようやく着手されたという程度で終わっている。ただ、三上と柄谷の論考が相補的なものであるということだけは示し得たと思っている。

興味深いことに、この二人の突き合わせを通して、本居宣長が今日なお決定的に重要な場所を占めていることを確認することとなった。文法（構文論）の問題と文字の問題（文字論）とが交差する場所に位置するからであろう。

本書は日本語と日本思想の関係を問う試みであった。私は、日本語で考える可能性を探った大胆な試みの代表者として、和辻哲郎をとり上げた。さらに、和辻から決定的に重要な着想を得て日本語論を展開した二つの例として、木村敏と森有正の二人をとり上げた。この選択は、私の個人的な関心によるものでもあった。私は、パリの生活の中で日本語の問題を考えるときに、久しい以前から一つのことが気になっている。私がフランスと日本の違いを如実に感じるとき、いつもそこには「(あなたを) あなたと呼べない日本人」の悲哀の感覚がある。このことを考える手引きとなるのが、和辻哲郎、森有正、木村敏の三人なのである。

森有正は、デカルトを生んだ国において日本語（母語）と徹底的に向かい合った日本人である。その彼が和辻の日本社会論（世間論）から継承したものは非常に重要である。彼は、周知のように、敬語法がその重要な一部をなす日本語という制度、この制度と不可分な日本社会の特徴としての「世間性（世間的性格）」を考察の中心に据えている。森有正は、日常生活においては、あなた（Vous）をあなた（Vous）と呼べたのである。たったこれだけのことなのだが、日本語を母語とする人間（私）は、たったこれだけのことで、体が緩むのを感じる。それと同時に、この体の緩みには実に重苦しい窮屈さの感覚と記憶がまとわりついているのである。森にとってこの現実が切実なものでなかったはずがない。そのことについても少し語ることにした。

本書を書き続けながら、私の念頭を離れなかったものがある。それは日本人が「日本的なもの」を語るその語り方であった。「日本的なもの」を語ることがスキャンダルになるどころか、真のチャンスとなるためにはどんな条件を満たさないといけないのだろうか。このことを考えるときに思い浮かぶのがいつも本居宣長と西田幾多郎の二人であった。「近代の超克」のモティーフの体現者のようなこの二人には、逆説的ながら、普遍的なものにいたるための道しるべとなる一面もあるように思えるからである。それは、おそらく、彼らの思考の徹底性によるのだろう。思考の徹底性は普遍性へといたる可能性につながるのだろう。その反対に、ガードを下げて「日本的なもの」を自己満足風に語ってしまうという誘惑に屈した場合には、結果は惨憺たるものに終わるだろう。私は和辻哲郎や木村敏にそれを感じる。

母語を問うためには、問う者が、母語へと外部から向き合うのでなければならない。それを可能にさせる基本的な条件とは、母語と母語以外の言語とのズレを通して母語を問うことであろう。むろん同じことが宣長と西田についても言える。それではなぜこの二人が、ある意味で、突出しているように見えるのであろうか。おそらく、宣長も西田も、「インド＝ヨーロッパ語および中国語において自明であるような思考への差異の意識」（柄谷行人『ヒューモアとしての唯物論』講談社学術文庫、一九九九年、一〇七頁）を持っていたからだろう。それと同時に、日本語というものを一つの「差異の意識」をとおして直覚していたからだろう。そして、この差異の意識とは、彼らにとって、日本語そのものがウンハイムリッヒなもの（親しみのあるものであると同時に不安を与えるもの）だったからではないだろうか。母語そのものに違和（ズレ）の感覚が伴わなかったら、母語の母語たるゆえんが見えてくることはないのではなかろうか。

私は、母語に対して超越論的でありえた重要な思想家である三上章と柄谷行人の二人に啓発されて「日本語と日本思想」について考えてみることにしたのである。どこまで成功しているかは読者の判断に委ねるしかない。

第1章　格助詞について

はじめに

『善悪の彼岸』の有名な一節のなかでドイツ人のニーチェが言っていることを日本人側から言ったら次のようになるはずである。インド・ヨーロッパ系の屈折語で思考する西洋人が屈折語で思考するという制約の下にあるように、日本人は、「ウラル・アルタイ言語圏[1]」に属する言語である膠着語で思考するという制約の下にあることは避けえないと。ニーチェから継承すべきは次の姿勢だと思う。自らの特殊性を特殊性として自覚し、それがあくまでも相対的な特殊性であること、つまり、他者側も同様のことが言いうるのだから、たかだか相対的特殊性にすぎないものを自分の独自性であるなどと自惚れないようにすること。こうしたバランスのとれた姿勢のなかで自らの特殊性の限界と可能性を同時に見すえるように努めることが大切であろう。限界と可能性という両次元が問題だからである。

私は、こうした二つの次元が交錯する地点にあって、今後も問題の思想家としてあり続けていくにちがいない人物として、おもに本居宣長、西田幾多郎、和辻哲郎の三人をとりあげ、「日本語で思考するということ」はどういうことを意味するのかを問うてみたい。もちろんこの選択は私の個人的な選択であり、多分に恣意的なものであることは言うまでもない。しかし、私は私なりにこの選択に固執する理由を持ち合わせてもいる。論述が進むにつれてそのことが明らかにされるであろうし、そうであることを願ってもいる。

ところで、ニーチェが指摘したのは「主語」の問題[2]であったが、実をいえば、この指摘にはそれにおとらず大きな問題が近接されていたはずである。それは「翻訳」の問題である。ここに挙げた三人の思想家は、翻訳の問題に深く係わっているだろう。

まず宣長だが、彼は、漢文体で考えることと漢文訓読体で考えること、漢字で考えることと仮名で考えることなどを通して翻訳の問題にぶつかっている。

西田は、「場所」について、一方では、プラトンの「コーラ」、フッサールの「意識の野」、カントの「意識一般」などを通して考えており、他方では、道元の「古鏡」[3]を通して考えている。後者に関していえば、彼はプラトンにおける「コーラ」と道元における「古鏡」との相互翻訳可能性をはっきりと念頭におきつつ「場所」の概念を練り上げていったにちがいないのである。

和辻の場合には、ハイデガー流の解釈学的スタイルを模倣するような形で、語源学的論述を駆使したスタイルを採用しており、「人間」や「風土」という語は、ギリシア語、ドイツ語と中国語圏の言語としての日本語との間の公然たる往還によって解釈され、規定されているのである。

以上の手短な確認からして、彼らが、それぞれの仕方で「翻訳」の問題を核心部に抱え持っていただろうという推測は成り立つだろう。そればかりか、宣長も含めて、彼らは「普遍性」

を目差しつつ「翻訳」の問題を抱え持っていたと言っていいだろう。哲学的言語がそもそも普遍的な言語たらんとするものであるとすれば、彼らもまた、彼らなりの仕方で、普遍的な言語としての哲学的な言語を目差していたに違いない。その意味では、西洋の思想家がぶつかった問題と同じような問題を抱え持っていたはずである。つまり、日本語というものに対する二重の関係、普遍的言語としての日本語と固有言語としての日本語に対する二重の関係が問われていたはずである。普遍性が不可避的に自らの言語の固有言語性において目差されざるをえないとすれば、西洋の思想家におけると同様に、彼らもまた必然的に二つの次元に向き合うことにならざるをえないだろう。一つは、「異なるものの試練」[4]（翻訳）を母語に与えることによって母語の可能性を拡大させるというチャンスの次元であり、もう一つは、外国語に対して必要以上に母語の固有言語性を顕揚させる、あるいは母語の普遍性を力説するというスキャンダルの次元である。件の三者が翻訳というものの持つこの二つの次元の問題に深く係わっているとみてまず間違いないだろう。

次に、彼らがどのような意味で「日本語」と深く係わっているかについて簡略に述べておこう。宣長が、ある意味で、広義の「日本人論」の最も強力な源泉の一つになっているということは多くの人間が感じとっているにちがいない。そして、宣長の思想の背景には宣長の言語理論があるということも見やすい事実である。彼の「詞と辞」の言語理論と彼の思想（イデオロギー）

とは不可分の関係にあると言えるはずである。

西田の「場所的論理」は、日本語における助詞との関連を無視しては理解できないし、語りえないだろうと思われる。西田がもっぱら西洋語（屈折語）で考えたのだとしたら、場所的論理ということを言い出すことはなかっただろうと私は推測している。

和辻を前二者に並べて取り上げるのをいぶかる人も多いだろうが、彼が現在も与え続けている思想上の効果という点では無視しえない人物であることは疑いない。とくに和辻が西田と結合されて問題になるときには、日本の思想の非常に強力な一つの潮流の源泉に位置づけられうるはずである。私の念頭にあるのは、和辻を源泉の一つとして、西田に結びつく流れ、和辻哲郎・廣松渉・木村敏・小林敏明といった人たちの線である。「間」概念を駆使する人々という意味で、これをとりあえず「あいだ学派」と呼んでおく。この学派[5]は、ハイデガー、デリダ、レヴィナスなどを大胆に取り込みつつ、独自な仕方で語源学的手法を駆使して、日本語で思考することの可能性（チャンス）を大胆に探る人々である。

以上、私がおもに取り上げることになる思想家について述べたが、次に私の仕事の骨組みとスタイルについて語っておかねばならない。

まっ先に言っておきたいが、私は日本の思想を語ることを目標にしているわけではない。目標は、「日本語で思考するということ」とはどういうことをいうのか、それを問うことである。

あくまでもその観点から上記の思想家が選定されたのである。論述のテーマとしては、「係り結び」「日本語で繋辞（コプラ）に相当するもの」といった日本語の問題に直結するものが選ばれることになる。

私は、きわめて個人的な理由から、「日本語と思想」の問題へと、できるだけ日本語文法の側から迫ろうと意図している。これが私の基本的な構えである。実をいえば、「係り結び」や「繋辞（コプラ）」が取り上げられることになるのも、この構えから出てきたものなのである。私は、一九八四年以来、パリの国立東洋言語文化大学日本学部で、圧倒的多数がフランス人学生である環境のなかで日本語を教えている。その意味では、自分の職場において、日常的に、外国語としての日本語と母語としての日本語の「間」に身をおいていると言っていい。たしかにかなり不安定な場所に身を置いていると言える。しかし、私は、この「間」に身をおき続けたいと願っているし、そうあるべきだとも思っている。というか、私にできることといえば、この特殊性を最大限活かすことぐらいであるという気持ちが強い。ただし、このように思えるようになったのは実はかなり最近のことで、その大きなきっかけとなったのは、次の文章を目の当たりにしたことであった。

文法は言語の規則とみなされている。だが、日本語をしゃべっている者がその文法を知っているだろうか。そもそも、文法は、外国語や古典言語を学ぶための方法として見出されたものである。文法は規則ではなく、規則性なのだ。それがなければ、外国人にとってその言語の習得は非能率的になる。しかし、自分が話している言語の「文法」は不必要であり、不可能である。したがって、近代のナショナリズム以前において、人々は、彼ら自身のしゃべっている俗語に文法があるなどとは夢にも思わなかったのである。

ある言語の規則はそれをしゃべっている者ではなく、それを学ぶ「外国人」の側から考えられたものである。ということは、私自身は、自分のしゃべっている日本語の文法を知る必要がなく、また知ることができないということを意味する。しかし、私は、外国人が日本語をしゃべるとき、その文法的まちがいを指摘することができる。ということは、私が文法を「知っている」ということになるだろう。だが、私は外国人のまちがいに対して、その文法的「根拠」を示せない。たんに、「そんなふうにいわないからいわない」というだけである。その意味では、私は日本語の文法を「知らない」のである。私はたんに「用法」を知っているだけである。(6)

これは柄谷行人の言葉だが、私はこの柄谷の論述によって、自分がおかれている立場を以前よりもうまく理解できるようになったと思って感謝しているのである。少なくとも、この指摘こそ、あえて日本語口語文法の側から「日本語と思想」の問題に取り組む方向へと一歩踏み出す勇気を与えてくれたのである。教える者と学ぶ者との非対称性がきわめてラディカルな形で襲ってくる環境、そんな環境に自分がいるのではないかという自覚が上記の指摘によって一挙に深まっていったのである。ここから、実は、日本語に対する二重の関わり方を徹底的に考えてみたいと思うようになった。日本語口語文法を教える日本人とそれを必要としているフランス人学生との間にある教える立場と学ぶ立場の非対称性は、ある意味では二重の緊張を強いるものである。「教える—学ぶ」関係にさらに「母語を外国人に教える」際の「外国語としての母語」に向き合う緊張が加わるからである。その意味では、たしかに日本語の能力において圧倒的に優位な立場にたてるという安心感があるにしても、だからといって安易な環境にいるというわけではない。いずれにせよ、私は、たえず、日本語口語文法を必要とする外国人学生の目を通して私の母語に向き合っているのを感じる。それは、彼らがどんなものを要求しているかを絶えず模索せざるをえない立場でもある。

こうして私は、日本語文法についての知識、日本語教授法の知識の不足を以前のように重圧とは感じなくなっていったのである。自分のごく限られた経験を通してではあっても、長い試行錯誤を繰り返した末に至りついたいくつかの確信を悪びれることなく提示してみようという勇気を持てるようになったのである。もちろん、自分がおかすであろう滑稽な事態を危惧しないではないが、読者諸賢の厳しい批判は覚悟の上である。また外国人のための日本語口語文法がどのようなものであるべきかを模索する者として、日本の文法界の先生方のご教示を切に期待していることは言うまでもない。

(一)格助詞について

全体から部分へ

それでは次に、日本語口語文法に向き合うための私の基本的な構えとでもいったものを一つの具体的な例を通して簡略に示してみよう。助詞の「に」を例にとる。さまざまな「に」を列挙する説明法が一般的である。しかし、私はこの行き方をいささか疑問に思っている。そのこと自体を批判したいのではない。ただ、外国人のおかれた立場をもうすこし考慮した説明法があってもいいのではないかと思うのである。私が模索しているのは、いわばこの列挙法的説明とは逆向きの説明法である。対比を際立たせるべく、二つの逆向きの説明法を対置してみることにする。一つは部分を列挙することで全体を構築しているスタイルであり、もう一つは、全体的規定(最小限言いうる共通分母のようなものの規定)を与えた上で細部へと至るスタイルである。具体的例として、「に」を含む例文を思いつくままにいくつか挙げてみよう。「幸子は八時ニ起きた」「幸子は学校ニ行った」「幸子は公園ニいた」「幸子は三鷹ニ住んでいた」「幸子は先生ニ叱られた」「幸子は新宿で友人ニ会った」「幸子は日本語の先生ニなった」など。

前者のスタイルの典型を森田良行の『基礎日本語2』の「に」についての説明[7]のなかに見いだすことができる。この方法は、日本人には非常に便利であるが、外国人にとってはかならずしもそうではない。つねづね私は、「に」についての項目列挙的、分類法的説明形式と並行したまったく別の説明図式があったら外国人はそれを歓迎するにちがいないと思っている。つまり、外国人は、当然のごとく、これらの「に」に共通な特徴というものがあるのなら、それを先生に語って欲しいと思うだろうと私は想像するのである。上で挙げた例を、学生の使用教材に出てくる順序にしたがって個別に説明するのはかまわない。学生もそれを受け入れるだろう。しかし、それと同時にそれに並行してなされるべき努力もあっていいのではないか。それが外国人に対する思いやりというものではないだろうか。ごく簡単に言ってしまえば、「に」というものをその総体において説明する[8]という配慮に見合った説明法を私は考えているのである。

それでは、あなたはどんな説明をしようというのか、という質問がやってくるにちがいない。私の返答は、いたって単純である。すぐ後で詳しく説明するが、結論だけを示せば、「これらのニは、文法上のさまざまな分類やカテゴリー化以前に、あるいはそれらにかかわりなく、すべて例外なく、矢印と点という形象によって示しうる」というものである。そんな法螺を吹いてはいけません、あるいは、それでは文法の説明になってやしない、という冷笑をもって迎えられるだろうと思うが、しかし、しばらくの間だけでも、これが正しいと仮定してみていただきたい。実用規範文法の一原則を示す道として、次のような試みがあってもいいのではないかと思っている人間の意見に今しばらくおつきあい願いたい。

私の考える説明仕方はこうである。助詞「に」の規定の第一段階として、「矢印と点の形象で示しうる」という規定を与え、第二段階として、様々な「に」の例文を与えていくというやり方である。すべてが、このようにことが運ぶとはもちろん言わないが、ただし、たえず、この「最小限、例外なく言いうること」を優先的に示すという配慮があってもいいのではないかと思うのである。

私とて、助詞の「に」についての辞書のような形式にまとめられた文法書を参照して恩恵にあずかることがしばしばある。しかし、私が特にこころがけたいのは、外国人のやる気をそがないような、逆のタイプの説明である。すくなくとも、私は、さまざまな「に」を列挙することと並行して、「ニについて最小限言いうること」を示す努力を怠らないことが大切だと思うのである。つまり、私の立場は、二つの相互補完的なものの片方、あまりにもないがしろにされているように思われる片方に固執した立場であると言えよう。

第一に、私は格助詞と係助詞のカテゴリー同士の役割分担というものが明瞭に境界画定可能であるという立場に立っている。第二に、格助詞の規定は、それだけを切り離して行うことはできないと言いたい。他の助詞のカテゴリーとの比較によってなされることが不可欠の条件であろうからである。私は、とりあえず係助詞と格助詞という二つのカテゴリー同士の相互規定を通して両者の境界画定を試みることにする。論述の順序は、（一）格助詞についての暫定的規定、（二）係助詞についての暫定的規定、（三）最後に、この二つの同時的相互規定という順序になる。まずはその第一段階として、（一）について語る。

格助詞の根本的な役割

格助詞の根本的な役割分担（働き）は、文の構成要素の一つである「補語」を構成することであると言えるだろう。

（1）補語の形式は以下の通りである。一つの概念（もの）が一つの格助詞に伴われる形式[9]である。別の言い方をすれば、「補語基」と格指示語である格助詞の結合した形式[10]である。

（2）原則上これは背後に疑問形を想定できる。逆にいえば、この「補語」の形は疑問形への答えに相当するものであると言える。補語基として「庭」を選んで例を挙げてみると、補語の形は以下のようなもの（「　」で囲まれたもの）である。どこが？↓「庭ガ」、どこの？↓「庭ノ」、どこを？↓「庭ヲ」、どこに？↓「庭ニ」、どこで？↓「庭デ」、どこから？↓「庭カラ」、どこまで？→「庭マデ」。

格助詞の機能の条件

私の仮説（個人的確信）は以下の通りである。格助詞が格助詞として機能しうるためには、少なくとも二つの条件を満たしていなければならない。まずは一つ目の条件だが、それは次のようなものである。「二つ以上の範列（もの＝概念）のなかから或るものを『選び出す』という働きを有するという条件を満たしているのでなければならない」（ただし、「二つ以上」とは言っても、現実的には、「三つ以上」という規定で語りうるケースが大半であり、「二つ」のケースは、いわば特殊ケースとみなした方が文法規則の定義としてははるかにすっきりするだろう）。

（例1）まずは、最小限の「二つ」の場合の例を挙げる。上の例と同じく、疑問形への返答という形がどうなるかという体裁にする。「A＝台所とB＝居間の、どちらデ食べますか？」に対する〈答〉の形：〈台所デ食べます〉。

（例2）次に、三つ以上の概念（もの）のなかから或るものを[11]「選び出す」場合。「（1）、（2）、（3）、（4）……のなかで、どこデ食べますか？」に対する〈答〉の形：（1）〈台所デ食べます〉、（2）〈居間デ食べます〉、（3）〈庭デ食べます〉、（4）〈寝室デ食べます〉、など。

次に二つ目の条件に移る。格助詞が機能するためには、上でみた条件と並行して、それと不可分な関係にあるもう一つの、さらに根本的な条件を満たしているのでなければならない。二つ（ただし、一般的には三つ）以上の範列（もの＝概念）を全体として表象するための「限定」を前提条件としているのでなければならない。いうなれば、「これを全体とみなして」という限定である。これは、後で述べるように、現代日本語においては、格助詞の「で」が喚起させる円形による限定として表象しうるものである。

まずは「二つのケース」について述べる。二つの範列（もの＝概念）を対象にした場合という限定のなかで格助詞が使われる場合のことである。

（例）AとBという二つの範列（もの＝概念）のなかで「どちらが」、「どちらの」、「どちらを」等々の場合である。このケースにおける格助詞の機能仕方の特性は、係助詞の「は」の機能仕方と比較して論じられるべき非常に重要なものであり、次章で詳しい検討を加える予定であるが、ここでは、次の二つの例文、（A）「台所デ食べる」と（B）「居間デ食べる」を通して、最小限のことのみを言っておく。つまり、この二つの事態を対象にして、「どちらデ食べますか」という文章は成立するということを。

次に、「三つ以上のケース」についてだが、「最上級」表現を例として取り上げるのが一番の近道であろう。以下の二つの例を取り上げてみる。ここでも、「問い」→〈答〉という形式で述べてみる。

（例1）（問い）「東京デどの橋ガ一番古いですか？」→（答）〈東京デ新橋ガ一番古いです〉

（例2）（問い）「東京の橋の中デどれガ一番古いですか？」→（答）〈東京の橋の中デ新橋ガ一番古いです〉。

この二つの例を通して、最上級において用いられる格助詞の「が」は、三つ以上の範列（ここでは江戸橋、日本橋など）のなかから一つを「選び取る」形で機能しているだろうということが推論される。それは、同時に、一つのものを選択することの裏面をなす「それ以外のものを排除している」ということでもある。その意味では、これらの例文中の「が」が、格助詞一般の特性である「選択および排他」の条件を満たしていると言えるのである。これが格助詞の二大特性の一つである。

もう一つの特性を検討してみよう。上の二つの例文には、ともに格助詞の「で」が使われているわけだが、この「で」の使用が実は最上級表現の必須条件をなしているのである。なぜなら、最上級表現は、「これを全体であるとみなして」という制限を設けない限り、可能にはならないからである。そして、現代日本語においては、この限定は格助詞の「で」によって表現＝表象される限定だと言えるのである。(12)

ここですこしまとめてみると、最上級表現を通して推測する限りでは、格助詞の機能を可能にさせる条件には二つあるだろうということである。一つは、「選択および排他」であり、もう一つは、「これを全体とみなして」という制限である。ところで、ここで、この二つの条件が、最上級表現に入らないケースにもあてはまるということをつけ加えておかねばならない。それは、次のような事例[13]である。

（問い）「寿司と天ぷらと、どちらガおいしいですか？」↓（答1）〈寿司ガおいしいです〉、（答2）〈寿司の方ガおいしいです〉。

このように比較の対象とされる範列（もの＝概念）が二つしかない場合にも「が」（格助詞）が使われるのだが、その場合の「が」は、「の方が」と同じ働きをしているとみていいだろう。つまり、二つの範列（もの＝概念）の間の比較において「が」が使われる場合には、「の方が」と同じように使われていると言っていいだろう。[14] 以上から分かることは、第一に、格助詞の「が」の働きの可能性の条件とは、「で」による限定（これを全体であると見なしていえばという条件としての限定）をかならず伴うという条件であるという推論が成り立つということである。問い↓答という形式で例文を挙げてみよう。これらの例から推論されることは、いずれも「三つ以上の範列（もの＝概念）のなかから或るもの＝概念を選び取る」を条件にしていることであり、同時にまた、「或るもの＝概念を選び取る」は、「それ以外のものの排他」でもあるということである。例を挙げてみる。「どこガ美しいですか？」↓「庭ガ美しいです」、「どこノ盆栽ですか？」↓「庭ノ盆栽です」、「どこニありますか？」↓「庭ニあります」、「どこヲ通りますか？」→「庭ヲ通ります」、「どこデ遊びますか？」→「庭デ遊びます」など。

これらの例から次のことが推論される。すなわち、格助詞の包括的・全体的条件とは、「二つ以上の範列（もの＝概念）のなかから或るものを『選び取る』」という条件であるということ。しかし、実用性を考慮し、下位区分を設けて表現する場合には、[15]「二つの範列（もの＝概念）」のケースを除けば、「三つ以上の範列（もの＝概念）のなかから或るものを『選び取る』」というふうに言える。

いずれにしても、格助詞について、これまで述べてきたことから言いうることは、二つの範列（もの＝概念）のケース、そして三つ以上の範列（もの＝概念）のケースの両方において、「これを全体とみなしていえば」という制限と「その制限内における『或るものの選択＝その他のものの排除』」という二重の条件を満たすことによって機能するということである。

ところで、或るものを選び取るということは、繰り返して言えば、「それ以外のものを選択から排除する」ということと表裏の事態である。つまり、格助詞が「選び取る」ことと不可分であるということは、逆に言えば、「排他」として以外には機能しえないということである。「格助詞は排他としてしか機能しえない」のである。この点で、最近、とりわけ寺村秀夫の『日本語の意味とシンタクス』以来、ますます大手を振って喧伝されている「取り立て」という用語（概念）は、私には非常に煩わしいものに思える。「主題のハ」と呼ばれている助詞の働き＝役割を説明するのに使われる用語だが、私にはその定義が曖昧であるように思えてしかたない。たとえば、「私ガ田中です」「私ハ田中です」という二つの文を、それだけを単独に比較した場合、「取り立て」という言葉から連想されるのは、当然、「が」の方だと思われるのである。その意味では、「取り立て」と「選び取る」＝「排他」とが同義語に見えてしまうであろう。ところが、後で見るように、係助詞の「は」には、「選び取る」や「排他」という働き＝役割はないのである。ここにはあんがい深刻な問題がありはしないだろうか。文法学者は、私が「取り立て」という概念をまったく理解していないからこんな馬鹿なことを言うのだと思うにちがいないが、しかし、この点については次章で改めて立ち返ることにする。私が疑わしいと思っている最大のもの、それが実は「主題」と「取り立て」という概念なのだから。

格助詞が喚起させる空間性

次に、他のカテゴリーの助詞に対してもっている総体としての「格助詞」の独自性、他のカテゴリーに対する弁別的特性について検討してみよう。以下の二つの推論（仮説）にしたがって述べることにする。格助詞には、以下の二つの特性があるだろう。第一に、格助詞は一種の「空間性[16]」を伴って機能する助詞であると言えよう。第二に、この空間性は三つのタイプに類型化されるだろう。

以上の推論の論拠を示すためのもっとも手短な方法は、場所格[17]の助詞をモデルにして格助詞の定義に接近することであると私は考える。場所格が問題になるケースとは、「動詞」と「場所」との関係が問われる場面にかかわるケースである。

私は、長期間にわたる試行錯誤の末にこの結論に至りついたのであるが、その経過についてはここでは語らない。私は長い間、私の職場の同僚と同様に、「実体化的錯誤」（実体化的予断、思い込み）と呼びたい過ちをおかしてきたのであった。それは、簡単にいえば、次の二つの欠陥に起因する錯覚であった。第一に、一つの格助詞を個別に取り上げてその格助詞の規定をしようとしたこと。第二に、格助詞という、それ自体なにも意味的要素のないものを、助詞の側からではなく、動詞の「意味」の側から解釈しようとしたこと。

この二つの欠陥による誤りは依然として広くゆき渡っているのではないかと思われる。ということは、それが錯誤であるということを知らせてくれる文法書がないということにもなるだろう。典型的な思い込み（予断）の例を二つ挙げてみよう。（1）「学校ニ着く」の「に」は、「到達点のニ」である、という説明は消えてはいないだろう。（2）「椅子ニ座る」の「に」は、「接触のニ」である、という説明は消えてはいないだろう。これらの定義が動詞の「意味」の側からなされたものであることは明らかだが、「に」というのは空虚な形式なのであり、空虚な形式であるからこそ様々な用法が可能となるというべきなのである。「到達のニ」や「接触のニ」というものがあるわけではないのである。これらは、まさに意味的実体化による思い込み（錯覚）でしかないだろう。この種の思い込みから解放されない限り格助詞の十全な定義は期待できないだろう。

空間性の三つの類型

それでは次に格助詞が必然的に喚起させる空間性が三つの類型にまとめられることについて簡略に述べることにする。便宜上、「で」、「を」、「その他すべて」という順序で語ることにする。

（一）「で」の弁別特徴は、「場所が円のイメージを伴って動詞（動作）と結びつけられる」というふうに規定できる。例文を挙げれば、〈庭デりんごを食べる〉〈庭デ遊ぶ〉〈庭デ読書する〉などである。

（二）「を」の弁別特徴は、「所定の場所が或る動作＝動詞と接触点を持って表象される」というふうに規定できる。[18] 例文としては、〈道ヲ渡る〉〈道ヲ通る〉〈廊下ヲ歩く〉〈床ヲ踏みつける〉〈家ヲ出る〉など。

（三）「その他すべて[19]」の格助詞（が、に、へ、と、より、から、まで）の弁別機能：「ある一点が矢印によって示されるイメージとして表象される」というふうに規定できる。例文を挙げれば、〈椅子ニ座る〉〈学校ニ行く〉〈会社カラ帰る〉など。もうすこし説明を補足すべきだろう。

「椅子ニ座る」を例に取り上げてみる。「椅子ニ座る」を「どこニ座る？」の答だとした場合、以下のような場面が考えられる。「どこニ座るの？座布団ニ？地面ニ？机ニ？椅子ニ？ソファーニ？」などの三つ以上の範列（座布団、地面、机、椅子など）のなかの一つ（椅子）を「選び取る」という場面である。ここにある空間性は「椅子との接触」というような性質のものではない。くり返していっておくが、「接触のニ」などありはしない。たんに「三つ以上の範列」のなかの或るもの（椅子）を矢印で示しているといった空間性があるだけである。「で」と「を」の二つのケースを除けば、「その他すべて」の格助詞は、この三つ目の類型にまとめられるのである。

以上の三つのタイプの弁別特徴を包括的にまとめると次のようになる。

（1）「で」の場合には、動作（動詞）が円形の枠内において行われるという場面として表象される。（2）と（3）に対する弁別特徴をもっとも簡略に表現すれば、動作（動詞）を円形で「包摂する」という限りで、「包摂」を特徴とするといえる。

（2）「を」の場合には、動作（動詞）が場所と接触点を有する形で表象される。（1）と（3）に対する弁別特徴をもっとも簡略に表現すれば、「接触」を特徴とするといえる。

（3）「その他すべて」の場合には、場所が動作（動詞）に対して点(20)として表象され、その場所が矢印によって示されるということは、その点としての場所が矢印に対して「分離」したもの（距離をもったもの）として表象されるということを意味する。（1）と（2）に対する弁別特徴をもっとも簡略に表現すれば、「分離」を特徴とするといえる。

ところで、以上の三つの類型は、格助詞全体の可能性の条件をなす「デが喚起させる円の形象によって限定される」という条件によってはじめて可能になるのである。そのことについて具体的に語ってみたい。「で」はもろもろの格助詞のなかの一つであるという限りでは、他の格助詞と何ら変わるところはないだろう。しかし、次の一点では異なっている。つまり、すべての格助詞が「で」による限定を前提にして成り立っているという限りでは、「で」は格助詞のなかでも特異な位置にあるといわねばならない。それはどういうことかを具体的に示してみたい。

最初に私は、格助詞の可能性の条件は、二つ以上（ただし、多くの場合三つ以上）の範列のなかから或るもの（多くの場合一つ）を「選び取る」ように機能するということを言った。それは一般的なケース、特殊なケースとしてそれぞれ図1と図2のように図示できるだろう。

格助詞の働きの条件は、「二つ以上の範列（もの＝概念）のなかから或るものを選び取る」ことにあるが、それらの範列が円の形象によって制限されるという形で可能になるのである。すべての場合に、円の内部にある或る範列（もの＝概念）が一つの矢印によって示されるという空間表象を伴っている。これが、いわば格助詞の可能性の絶対的条件、必須条件であると言える

図１　一般的なケース（範列が三つ以上のケース）

問いの形：「（１）から（３）までのなかデ、どこニ座りますか」
答の形：「椅子ニ座ります」

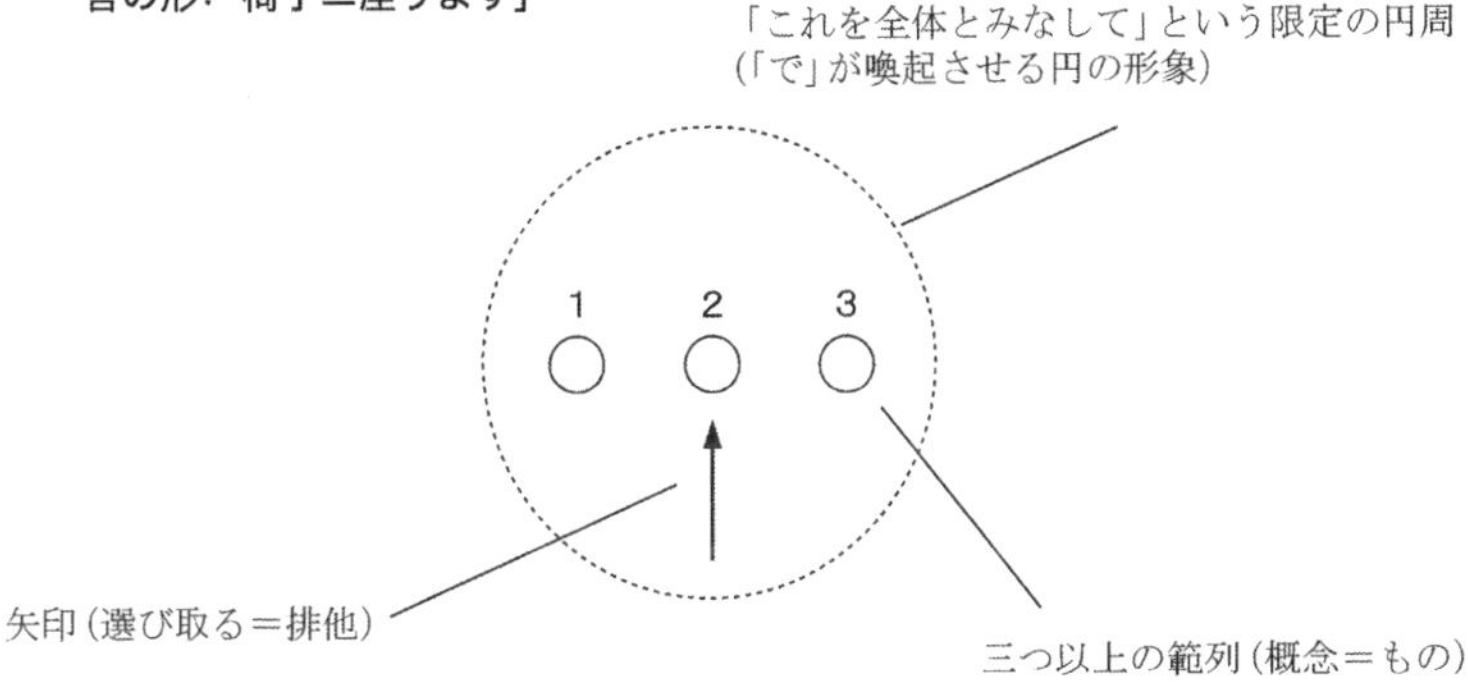

注：範列（概念＝もの）の例として（１）ソファー（２）椅子（３）座ぶとんをあげて図示することにする。

図２　特殊なケース（範列が二つのケース）

問いの形：「（１）と（２）のなかデ、どちらニ座りますか」
答の形：「椅子ニ座ります」

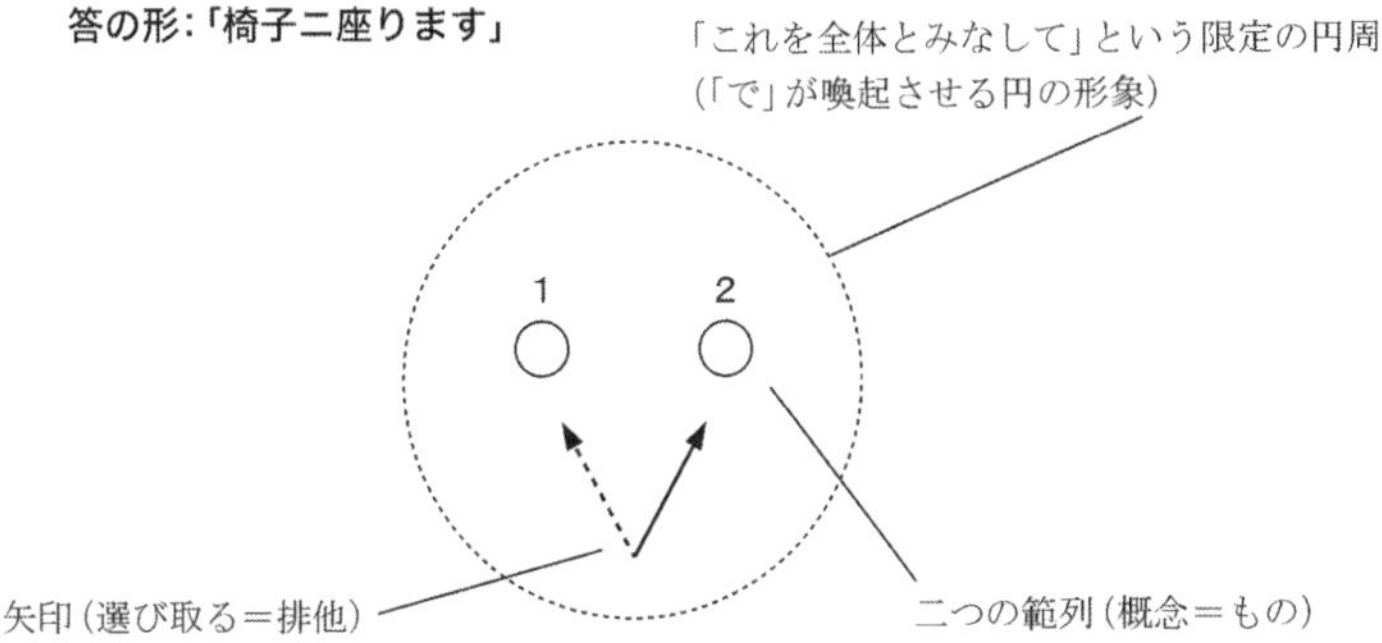

注：範列（概念＝もの）の例として（１）ソファー（２）椅子をあげて図示することにする。

だろう。もうすこし単純化して言ってしまえば、すべての格助詞の背後には「で」があるということである。ということは、「で」の背後にも「で」があるということである。「で」は二重の「で」によって可能なのである。言い換えれば、「で」が機能するとは、「で―で」という二重の「で」の構造の下に機能しているということである。ここに他のすべての格助詞に対する「で」の特異性(21)を認めないわけにいかないだろう。

以上がいわば絶対的条件だが、それを前提にした上で、次に問題になるのが円周内の小円の内部における、場所と動詞とが織りなす空間表象である。この空間表象は、次の三つの類型に分類されるだろう。小さな円のなかの「空間表象」の三類型のことである。第一類型が「で」の類型であり、第二類型が「を」の類型であり、第三類型が「その他すべて（ただしノを除く）」の類型である。これらの類型についてはすでに語った。

以上、格助詞の全体的規定を試みてきたが、ここまできたところで、上記の三つの類型が、西田の「場所」（一九二六年）というテクストのなかで用いられている「個物＝点」と「場所＝円」に驚くほどぴったりと重なっていることに思い至るのである。これははたして偶然であろうか。次章では、先ずは格助詞と西田の場所論との関係を検討し、次に格助詞と係助詞との境界画定を試みることにする。

注

(1) ニーチェ『善悪の彼岸』木場深定訳、岩波文庫、一九七〇年、三九頁。
(2) 同右、三九頁に「ウラル・アルタイ言語圏の哲学者たち（そこにおいては、主語概念が甚だしく発達していない）が、インド・ゲルマン族や回教徒とは異なった風に『世界を』眺め、異なった道を歩んでいることは、多分にありうべきことであろう。」とある。
(3)『正法眼蔵』第十九「古鏡」のことだが、この点については次章で述べる。
(4) これは Antoine Berman, ***L'épreuve de l'étranger***, Gallimard, 1984 のタイトル名である。
(5) この学派には、いくぶん現代の衣装を纏った近代の超克派という趣がある。ただし、それをスキャンダルと決めつける気持ちはさらさらない。チャンスにもなればスキャンダルにもなりうるきわどい場所に身をおきつつきわめて刺激的な思想を展開させている人々なのであり、私が高く評価している人々である。ただ、私が吟味したいと思っているのは、その両次元を両次元として語ることなのである。判定・評価はその吟味を通して、また吟味としてなされなければならないだろう。
(6)『定本　柄谷行人集2　隠喩としての建築』岩波書店、二〇〇四年、一七七—一七八頁。
(7) 森田良行『基礎日本語2——意味と使い方』角川小事典8、角川書店、一九八〇年、三七二—三七九頁。
(8) 形容詞や副詞の説明などにおいても、あるいは係助詞の「は」の説明においても同じことがいえようが、助詞の「に」の説明において、「に」をその総体においてとらえる努力もなされるべきだと思う。それがなされた場合には、「ニの総体について最小限言えること」と「これこれのニの規定」との弁証法的総合化が生まれうると期待できるのだが。
(9) 時枝誠記なら、一つの「概念＝もの」が一つの「格助詞」によって包まれる形式というふうに言うだろう。

(10) 私は寺村秀夫の用語を使用している。寺村秀夫『日本語のシンタクスと意味Ⅰ』、くろしお出版、一九八二年、五五頁参照。

(11) すぐ先で挙げる答の形の可能性として、〈台所と居間デ食べます〉というような、二つの場所を含んだ形の答も可能であるから、「一つを」ではなく「或るものを」という表現にしているのである。

(12) もちろん、似たような機能を果たす助詞に「の」があるということは付言しておかねばならない。たとえば、「東京ノ一番古い橋は　どれ(どの橋)ですか?」という言い方は可能である。この「の」と上記の「で」の共通の役割は限定にある。「これを全体とみなして」という制限を両者が満たしているという限りで「で」と「の」は同じ働きを担っているのである。

(13) この事例は、フランス語との比較において明らかになるように、いわば「二と三」の境界線上にある事例である。日本語においては、原則上、最上級は三つ以上の範列(もの＝概念)の比較が条件とされているのに対して、フランス語においては、二つの範列(もの＝概念)の比較においても「最も」「一番」という表現を使った最上級表現が可能なのである。

(14) ここで、係助詞「は」との比較を行ってみれば、次のように言える。「どちらハおいしいですか」、「どちらの方ハおいしいですか」とは言えない。大野晋なら、これを既知・未知という規定で説明するだろう。しかし、次章でその理由を説明するが、私は大野理論には与しない。ここでは、とりあえず、「は」が使えないケースとして「が」が使われているということだけを確認しておく。

(15) 大多数のケースにおいて「三つ以上」であることを考慮すると、「二つ」のケースを特殊ケースとみなす方が、実用文法の観点から言えば賢明であろう。

(16) 従来からの伝統的なカテゴリー化に従っていうのだが、諸々の助詞のカテゴリーのなかで格助詞だけが空間表象、形象性を喚起させつつ機能するように思われる。並立助詞（ただし、「と」を除く）、接続助詞、副助詞、係助詞、終助詞、間投助詞にはこのような特性はみられない。私は、この格助詞の特性を最大限重視する立場に立っている。

(17) 私は三上章の用語法をもとにしてこの言葉を用いている。

(18) 本来ならば例文を増やして説得に努めるべきなのだが、紙幅の関係で、註で補足説明をするに留めざるをえない。たとえばフランス語の「前置詞」との比較などを徹底的に行えば、場所格の格助詞と動詞との関係が日本語において表象される仕方と、フランス語における前置詞と動詞とによって表象される仕方との違いが確認できる。ここでは残念ながらそれをしている余裕がない。以下のことのみを述べておく。たとえば、「道を横断する」（道を横から貫くように通過する）と「（ナイフデ）リンゴヲ貫く」という二つの文章は、それが喚起させるイメージとしては酷似している。共通の条件を満たしているからである。「で」と「その他すべて」に対する「を」の弁別特徴は、「接触」という特性を有するという点にあるが、もう少し詳しく言えば、次の二つの下位区分が可能だと思われる。（1）敷居を跨ぐ、それと（2）表面と接触するの二つである。多くは（1）のケースであるが、（2）のケースもある。後者は、「テレビヲ見る」、「りんごヲなでる」、「地面ヲなでる」などを考えればいいだろう。共通の特徴は、やはり「接触点を有する」という形象の下に表象されることである。もう一つ例を挙げれば、「家ヲ出る」と「裏道ニ出る」の違いは、前者が「接触点」を持つ（家の内部と家の外部の敷居を踏み越えるという意味で）のに対して、後者は「接触点」を持たないことにある。「に」は「分離」という弁別特徴を持つからである。

(19) ただし、格助詞のなかで、「の」は特殊な働きをする点で他の格助詞と同じ規定で語ることは難しい。場所格の場合にも、「の」には空間性を喚起させるという規定が適用できないと思われる。

（20）厳密に言えば、点というよりは、むしろ一つの小さな広がりをもった塊といったイメージである。ただし、点という言葉でもあまり問題はおきないと私は考えている。この問題には、次章で、西田の「場所的論理」を語る際に言及することにする。

（21）この点は、次章で、西田の場所論を語る際に述べることにする。

第2章　二つの包摂

格助詞と係助詞

パリの日本語教室における一年生を対象にした「書き言葉（仏文和訳）」の授業で、私は助詞について学生たちと共に考えてきた。とりわけ「場所格」の視点から格助詞の特性をとらえることに熱中してきた。そんな経緯もあり、私は、数人の友人と立ち上げることになった現代日本哲学（西田幾多郎とその周辺）研究会において、たまたま「場所」という西田幾多郎のテクストを読んだ際に、一つの驚きとともに、以下のことに気づいた。すなわち、西田は「場所」という言葉で格助詞の喚起させる形象性に依拠しつつ場所のイメージを頭に描いているにちがいないということに気づいた。私は、実は、この閃きを起点にして西田が場所の概念を「何ものかを包むもの」として頭に描いていることと、時枝誠記の言う詞を辞が包み込む包摂構造との間にある類似に気づいたのである。私のなかで、日本人の思考（思想）と日本語との関係を問うための手近なモデルがこうしてでき上がっていったのである。

それとほぼ時期を同じくして、私は、柄谷行人の『〈戦前〉の思考』のなかの「文字論」（講演）に大きな衝撃を受けた。なにかとてつもなく大きな鉱脈にぶつかっているという予感にうち震えた。爾来この「文字論」は私を虜にし、文字どおり座右の書になっている。「日本語で思考するということ」というテーマは、実は、西田の場所論との出会い、柄谷の文字論との出会いの二つを契機にして形をなしていったのである。

柄谷が日本語について集中的に語ったのは「文字論」の講演、「日本精神分析」の連載（『批評空間』）の時期の一九九二年のことであった。柄谷の日本語についての論考には今後何度も立ち返ることにするが、ここで私に指針を与えてくれた柄谷行人の発言を引用しておきたい。日本語の構文論的特徴と日本語の文字組織（エクリチュール）の特徴とはさしあたり分離して論じられるべきであるという勧告として私は受け止めた。

よく日本語の特質から、日本人の思考や心理を説明するような「日本人論」のたぐいがありますが、それはまやかしです。たとえば、シンタックスからいえば、日本語はアルタイ語系ですから、朝鮮語をふくめ、似たような言語があります。しかし、シンタックスは歴史的にほとんど変わりません。その証拠に、フィンランドやハンガリーのような国は、もう血統も文化も語彙もほとんどヨーロッパ的であるのに、シンタックスだけは今も変わらない。それなら、彼らの間で、こうしたことが「問題」を形成しただろうか。(1)

日本に固有なのは、外来的なものがけっして内面化されない、内部化されないということであり、それは、漢字仮名交用という表記法と密接に関連しています。それは非常に歴史的な出来事です。それは、日本語の文法のような非歴史的な構造とは関係ありません。また、日本人の心理とか、思考方法とかそんなものでもない。なぜなら、こうした表記法

は歴史的な問題なのですから。(2)

日本語の文字組織、表記法、いわゆる漢字仮名交用文が歴史的産物であるという限りでの日本語の「歴史性」、それと、日本語のシンタックス（文法構造）の非歴史性とは二つの独立した位相にあるものであるという視点はきわめて斬新なものに思えた。結局、柄谷の主張は、歴史的な産物として文字組織について考えることと、文法的な考察とを混同してはならないこと、むしろ独立に論ずべきであるということであり、彼自身は、あきらかに日本語が歴史的産物であるというところに力点をおいて語っている。それは、これまで、日本語の（非歴史的）文法的特質から素朴に演繹された日本人論、日本文化論が大手をふってまかり通ってきたことへの反省を促す教育的配慮から出てきた構えであると言っていい。この柄谷の指摘は非常に啓発的なものであったが、しかし、柄谷の指摘から引き出したいと考えた可能性、それを私は柄谷自身があまり重要性を主張していない方向に求めることにしたのである。

私は、柄谷自身が展開しえたかもしれない次の問いへと導かれることになった。すなわち、そもそも文法言語が、こうした歴史的産物である漢字仮名交用文の使用を余儀なくされる限り、エクリチュールとしての日本語が抱え持つ性質が文法論に影響を与えないはずがないが、その現実にどのように対処すればいいのかという問いへと導かれることになった。日本語の二つの次元、二つの位相を分離して論ずべきであるという主張は、むろん、これら二つのものが分離の難しい形で縫合されているということを含意している。この問題にどのように取り組むべきかということがとうぜん課題にされなければならない。もう少し具体的に言えば、従来の非歴史的アプローチがはまり込んでいるはずの一種の予断、無意識の前提、それからどのようにして抜け出したらいいのか、このことが当然課題として出てこざるをえない。そして、柄谷がロマン派的なものとして宣長、時枝、西田のなかに認めているもの、それは、程度の差こそあれ、現代の日本語文法論に携わる者に例外なく関わっているものであるにちがいない。自分の歩みを柄谷の射程に見合ったものにするために、また、柄谷の拓いた地平を一歩でも前進するために、柄谷が重要性を控えめにしか語っていない、文法論に含まれているはずの予断を明るみに出すことを先決課題にしてみたいと私は考えた。そして、その後に柄谷の画期的な考察に合流するという回り道をすることにした。つまり、歴史的産物である日本語のエクリチュールが抱え持っている性質が不可避的に文法論になんらかの効果を及ぼしているという推測が成り立つとすれば、その効果の実相を探るには、文法論そのものに色濃く反映しているはずのこの効果の実相に迫る試みがなされなければならない。とりあえず何が確認しうるのかという展望だけでも開いておく必要がある。そして、この点に関しても、柄谷はすでにいくつかの非常に重要な指摘を行っているのである。彼の指摘を導きの糸にして、私なりのささやかな考察をここに加えておこうと思う。

国学者・西田幾多郎・時枝誠記

日本語の文法、特に構文論において、日本語の表記法（文字組織）の特徴が最も顕著に反映されているものとして、「詞と辞」の言語論が考えられる。江戸時代の国学者の言語論が典型的であるが、ここでは最近の文法論における、国学者の伝統につながる理論がとうぜん対象にされることになる。この点では、数名の著名な先駆者がいるが、国学者の用語と理論を大胆に取り入れて口語文法論を構想したのはなんといっても時枝誠記であった。時枝の文法論を「詞と辞の文法論」と呼べるとすれば、時枝を批判的に継承しようとした渡辺実[3]をはじめとする文法学者たちも、程度の差こそあれ、同じ範疇に入ると言っていいだろう。日本語文法理論の大御所とみなされてきた大槻文彦、山田孝雄、松下大三郎、橋本進吉、時枝誠記は、各人各様に、国学者の仕事に注目している。しかし、最も大胆に国学者の用語法を取り入れたのは時枝誠記であった。とりあえずこの点は注目されていいだろう。しかし、ここで大上段に構えて、国学者において見られる「予断」を文法論がどのように抱え持っているのかという問いを立てようとは思わない。それは私の能力をはるかに越えることであり、無謀な試みに過ぎない。私にできることはごく限られている。私は、ここで、柄谷によってすでに取り上げられている論点からスタートして、考察の対象をできるだけ絞り込むほかはない。

歴史性への目配りを決して怠らない柄谷は、時枝と西田、時枝と宣長を世界史的な視点から位置づけて語ってみせている。彼によれば、これら三者は「ロマン派」的性格を共有している。以下、二カ所、少し長いが引用してみよう。

実は、時枝誠記は、西田哲学の影響を受けていたと思います。つまり、こうした問題は、たんに文法構造から来るのではなく、やはり、ロマン派以後の問題関心から来るのです。だから、それを文法の問題、いいかえれば非歴史的な構造にもっていってはいけない。事実、時枝の「詞」と「辞」という区別は、国学者によるものであり、それも歴史的なのです。もしもこれが非歴史的な日本語のシンタックスから来るものであるならば、同じような膠着語の民族から、同じような問題が出てこなければならないはずです。たとえば、朝鮮語においても出てこなければいけない、トルコ語にも出てこなければいけない。しかし、そういう考えは出ておりません。理由は簡単です。この詞と辞の区別というのは、漢字と仮名で書く、その区別そのものだからです。国学者が詞と辞を区別したのは、文法構造の考察によるのではなく、それが漢字仮名交じりの表記のなかで実現されてきたからです。

つまり、言語学そのものが歴史的に漢字と仮名で書き分けてきた歴史的出来事にもとづいている。だから、またそれは、たんなる言語学にとどまらず、政治的・思想的意味をはらむのです。先ほどもいいましたけれども、理論的・道徳的な部分は、漢字で書かれる。ところが、そこに入らないもの、感情、情動、気分といったものは仮名でしか書けない。そして、それをむしろ中心におくというのが国学派でした。(4)

今いった意味で、ロマン派と日本国学派が並行しているとするならば、ハイデッガーと日本の西田哲学は並行しているわけです。西田幾多郎は、西洋の哲学用語で語ろうとした人です。鈴木大拙のように禅を直接いわなかったけれども、根本的にはそれは禅的だといわれています。しかし、私は、彼はむしろ西洋的な意味でロマン派的であり、また禅というより国学派に近いと思う。先ほど、私は、時枝誠記は西田の影響を受けたといいましたが、逆にいうと、西田の考えで日本語を説明できるということは、たとえば、西田のいう「無の場所」というものが、すなわち、あらゆるものを包み込んでいるところの「無の場所」が、時枝誠記のいうゼロ記号であり、すなわち、国学者がいう「辞」に当たるということです。(5)

柄谷は、第一に、時枝の文法論が文字についてのロマン派的・国学派的規定によってすでに方向づけられていたという重要な指摘をしているわけだが、[6] それでは、この指摘を受けて、「文法論」の枠でどのようなことが言いうるだろうか。そちらの方に視点を移してみることにする。

時枝の「包摂」概念

柄谷は、時枝と国学者とのアナロジーを語っているが、私としては次の点に留意しておきたい。柄谷が国学者と言っているときには、彼の念頭にあるのはとりわけ本居宣長のことだと思われる。しかし、時枝の詞と辞の理論の特徴として真っ先に考慮しておくべきは、本居宣長への言及がほとんどなく、もっぱら鈴木朖への言及しかないということである。[7] なぜこの確認から始めるかというと、詞と辞の概念規定における創始者が本居宣長であり、時枝も宣長の影響下で「詞と辞の文法論」を構想したと漠然と考えられてきたけれども、その実、本居宣長の言語論への言及はごく限られたものであるということは看過しえない事実であるからである。私見によれば、時枝の詞と辞の文法論の試みは、もっぱら鈴木朖の影響下でなされており本居宣長の影響はほとんど目につかない。簡単に言えば、「辞」の規定が、鈴木的であって宣長的でないのである。それは、鈴木朖の「言語四種論」における「辞」の規定には、宣長の『詞の玉緒』

で問題にされている規定が欠けているからだと思われる。この点は奇妙なことにこれまでほとんど指摘されてこなかった。しかし、これが非常に深刻な欠落であったとしたら問題とせざるをえないだろう。

私はここで議論を明快にさせる配慮から、今後使用する文法用語を予め定めておく。日本語文法論の要の一つは格助詞と係助詞の相互規定であると確信している私としては、以後、助詞に関しては一貫して山田孝雄の用語を用いることにする。理由はおのずから明らかにされるだろう。山田の用語法である「格助詞」「係助詞」「副助詞」「終助詞」「間投助詞」「接続助詞」という六つの用語を用いることにする。[8]

歴史的な重要性を持ったテクストとはいえ、鈴木朖の「言語四種論」[9]はごく短いテクストであり、今日の文法学の視点からみれば、鈴木による「辞」の規定はきわめて大雑把で漠然としたものにすぎない。(活用) 変化する「辞」である (今日で言う) 助動詞と変化しない辞である (今日で言う) 助詞の総体を指す用語であり、助動詞と助詞との下位区分もなければ、助詞の下位区分もなされていない。したがって、今日にいたるまで、このテクストの読解はそれぞれの文法学者の自由な解釈にまかされてきたのであり、その解釈の幅は非常に大きかったと思われる。たしかに「陳述」という語の概念規定の精度が高まるにつれて時枝の理論的弱点を越えて時枝を生産的に継承していく可能性が高まったことはまちがいないが、かといって根底的曖昧さが解消されたわけではない。まずはこの点に留意しておかねばならない。

思い切って単純化して言ってしまえば、鈴木朖が係助詞と格助詞を区別していないと同様に、時枝もまたこの区別をほとんどしていないのである。この点を問題視した文法学者はいたけれども[10]、それは必ずしも正面切ったものとは言えず、むしろ婉曲なものに止まっている。ここで正面切って自分の観点を述べてみる。端的に、時枝は係助詞と格助詞の境界画定の重要さを理解しなかったのである。その点で彼の理論は重大な欠陥を抱えることになったのである。もっと単刀直入に言ってしまえば、係助詞と格助詞との境界画定がなされないかぎり日本語文法論は成立しえないと私は考える。それを鈴木朖に期待するのはもともと無理である。それに反して、本居宣長と鈴木朖を並べて検討すれば分かるが、本居宣長の『詞の玉緒』[11]における「玉の緒」としての「辞」の規定には、暗黙に、係助詞と格助詞との境界画定への道しるべが含まれているのである。そして、この道しるべに大きな重要性を見出した文法学者は時枝誠記ではなく、三上章である。私が三上をとりわけ重要な文法学者とみなしたい理由の一つがここにある。宣長のこのテクストから重要なものを汲み取った文法学者には、山田孝雄、松下大三郎、大野晋などがいるが、宣長の狙いを最も的確に理解したのはたぶん三上章である。

私の推測では、時枝は鈴木の短いテクストにとらわれすぎ、その結果、宣長の狙いを見抜くことができずに終わったのである。宣長が『詞の玉緒』で考察の対象にしているのは係助詞としての辞（玉の緒）であって、他の助詞が考察の対象にされたのではない。そのことに時枝誠記は驚くほど無頓着であった。このことは彼の助詞の下位区分を検討することによって明らかになる。

時枝は『日本文法　口語篇』において、助詞を、「格を表はす助詞」、「限定を表はす助詞」、「接続を表はす助詞」、「感動を表はす助詞」の四種に分類している。[12] この分類の特徴として、少なくとも以下の四点が指摘できる。（1）格助詞（格を表はす助詞）には「感情的なもの」がないという点で、「感動を表はす助詞」と区別されること。[13]（2）山田孝雄以来係助詞として分類されてきた「は」が、「格を表はす助詞」「限定を表はす助詞」の二つのカテゴリーのなかに場を占めていること。[14] その結果、山田孝雄がなそうとした係助詞、格助詞、副助詞の相互の差異化、境界画定が取り払われてしまう結果になってしまうこと。（3）陳述性があるかないかで接続助詞と格助詞を区分していること。[15]（4）山田孝雄ならば終助詞と間投助詞という名称で呼ぶものを時枝は「感動を表はす助詞」というカテゴリーにまとめていること。

これらの特徴を抱えた分類であるが、ここで注目しておきたいのは、時枝が係助詞と格助詞の境界画定に何の関心も見せていない点である。ここで時枝誠記の立場と三上章の立場を比較検討してみれば（次章で語ることにする）一目瞭然となるが、時枝は、宣長の『詞の玉緒』からはほとんどなんの影響も受けていないと言っていい。逆に、三上章は宣長のこのテクストから根本的なものを継承しているのである。私にはこの差異は決定的に重要であると思われる。

それでは、なぜ時枝誠記が宣長の仕事の重要性を取り逃がしたのか。時枝誠記と三上章の比較は次章で行うことにして、ここでは時枝と西田の比較を通してその理由を明らかにしてみたい。ここで、両者に共通する概念、「包摂」概念を通して両者を比較してみれば、時枝による宣長継承の仕方が非常に恣意的なものであったことが分かる。どういうことかと言えば、時枝が少なくとも二種類に分類されるべき「包摂」を一かたまりのものとして捉えてしまったということなのである。つまり、包摂の下位区分を設けていないことからくる混乱を免れていないのである。たとえば、前章でみた「補語」における包摂が問題である場合には、格助詞が喚起させる形象性（空間性）を考えれば、わけなく理解できる。しかし、このタイプの包摂は、補語や、時枝の言う「句」の包摂には当てはまるが、彼の言う陳述が問題になる場合には当てはまらないのである。時枝は、陳述性があるかどうかで格助詞と接続助詞とを区分しておきながら、そのことと相関関係にあるはずの「包摂」概念の下位区分を行っているとは言い難い。格助詞レベルの包摂（概念を格助詞が包む「補語」レベルにおける包摂）と、文を完結させる「陳述」レベルの包摂との区別が文法論的に鮮明になされていない点は問題だと言わねばならない。いずれにしても、包摂概念は、文法論においては、厳密な文法論的下位区分を必要とするのである。実は、西田はこの問題を回避しえているのだが、西田の影響下で文法論を構想したと思われる時枝は大きな矛盾を内に抱え込むことになったのである。結論から言ってしまえば、その矛盾は、時枝が格助詞と係助詞の境界区分を捨ててしまったときに致命的なものになったのである。時枝は、結局は、「陳述」に関与しない格助詞と、「陳述」に本質的に関与する係助詞との区別をないがしろにしたということなのである。

西田幾多郎の包摂概念

私は、西田の「場所」というテクストを読んで、私が日本語の授業のなかで考えていた格助詞の特性（助詞のなかで格助詞だけが形象性、空間性を喚起させるという特性）に西田が非常に忠実であったという閃きを得て、ひそかに興奮を覚えたものだった。西田は、「個物があるためには、それがおかれてある場所がなければならぬ」という基本命題を通して、個物と場所との関係を、格助詞が喚起させる空間性、形象性に依拠して考えたと言える。すなわち、個物＝点／場所＝円という二項対立で考えていたと言える。それでは、西田の場合には、文法論的に見て、格助詞をどのようにとらえていたことになるのか。

西田という人は、何ものかがあると言いうるためには、その何ものかが、そこに「於いてある」ところのもの、すなわち「場所」がなければならないということを執拗な繰り返しによって語り続けた哲学者であった。唖然とせずにはおれないまでに偏執的で単調な繰り返しによってそのことは語り続けられた。そして、彼の描いている構図もまた驚くほど単純なものである。先ず、彼が「於いてある」という表現で頭に描いていた形象は「円」の形象であった。なぜ円の形象でなければならないのかという理由を彼は一度も述べていない。たぶん、彼自身その理由を述べることができなかったから、あるいは、述べたくなかったからだと思われる。トートロジックな、しかも本質的にペルフォルマティフな（遂行的な）言明による肯定の連続がそこにはある。

彼が円の形象を頭に描いている典型的な例は、「場所」（一九二六年）のなかでは、次のように語られている。「我とは主語的統一ではなくして、述語的統一でなければならぬ、一つの点ではなくして一つの円でなければならぬ、物ではなく場所でなければならぬ。我が我を知ることができないのは述語が主語となることができないのである」[16]。西田の、論証とは言い難いペルフォルマティフな論証についていくのは容易ではないが、そのことを除けば、語られていることは非常に単純である。「我」を主語的統一とみなすだけでは、我を「物」とみなすことに帰着するから、それを避けるためには、「我」を主語的統一とみなすばかりではなく、むしろ述語的統一としてもみなさなければならないという主張（テエゼ）である。西田の「場所」というテクストは、この主張の無数のヴァリアント（言い換え）からなるテクストである。西田の哲学的な省察を語る場ではないので、それは後日の課題にとっておいて（いずれじっくり語る予定である）、ここでは文法論の枠の中で語りうることのみに限定する。

「何ものか＝X（個物、我、その他）があるためには、それがおかれてある場所がなければならぬ」という西田の問題設定においては、「おかれてあるもの」が点の形象で押えられ、その何ものかが囲い込まれるようにしておかれている場所が円の形象で押えられている。もう少し詳しく言うと、何ものかの方は、主語（主体）になる場合には「Xガ」、対象（客体）になる場合には「Xヲ」という表現で考えられており、これら二つが、「場所」に対して、「点」の形象で捉えられているのである。一方、「場所」の方は、「に於いて」という表現に対応するものであるが、これは格助詞の「で」に対応するとみていいだろう。それでは、西田はなぜ「で」という格助詞を使用せずに、「に於いて」（古い日本語では「にて」）という表現のみを用いたのかという質問が発せられるだろうと思う。この点に十分に答えるにはそれなりの紙幅が必要になるが、ここでは煩瑣な議論を避けて、以下のことだけを言っておきたい。西田が場所を円の形象で押えておきながら、格助詞の「で」を使用しなかったのは、その必要を感じなかったからにすぎないだろう。その理由は単純である。西田が、場所論において、モデルとして使ったのは判断文である。彼の言葉でいえば「包摂判断」の文（表現）である。厳密にこの枠を守って論を展開している西田にとっては、日本語の他の文型は考慮から外されているのである。実は、時枝がうかつにも見逃してしまったのがこの点なのだ。そのことついてはすぐ後で語る。ここでは以下の一点だけを付言しておく。西田は、場所のイメージを円の形象として描いているが、それは、日本語の格助詞の特性をそれと意識せずに正確にとらえていたからであるにちがいない。つまり、西田の円の形象は格助詞の「で」の形象によって方向づけられていたと私は言いたい。

しかし、ここで正確を期しておかねばならない。西田は、実は、私が前章で語った「空間性の三つの類型[17]」とはほぼ無関係に場所論を展開している。「場所格」における三つの空間類型の方をではなく、格助詞を成立させる最も根本的な条件である「これを全体とみなして」という限定に当たる条件の方を、私が「で」の特異性として指摘しておいた「で」の特性[18]の方を問題にしていると言えるのである。もう一つ付け加えておくと、西田における「円」の形象は、彼の場所論の要をなす「意識」としての場所の規定[19]が問題なのであり、意識＝場所の特性として、円が円で包まれる多重的包摂構造が語られており、その際に西田は鏡（反射＝反省）の反射の像、鏡に映る像の多重構造をモデルにして考えている。この鏡の形象が「円」なのだが、これまた西田は言明を避けているが、私見によれば、道元の「古鏡」における古鏡（円鏡）のイメージと重ねられているのである。これら二つの理由から、おそらく、西田にとっては、プラトンがコーラ[20]を語る際に円の形象に特別に依拠しなかったのに比して、円の形象として場所をイメージすることになんのためらいも感じなかったのである。

時枝の包摂概念と西田の包摂概念

柄谷の指摘にあるように、時枝と西田における「包摂（包む）」概念、「統合（統一する）」概念はたしかに似通っているが、この類似を文法論の枠内で語ったらどうなるのか、それを検討してみよう。時枝による包摂の規定の方から始める。

「詞と辞との意味的関係」と題された『日本文法　口語篇』第三章第二節のなかで、西田の（表面上はフッサールの）影響を推測させる仕方で、「志向作用と志向対象との関係」をモデルとなして、それを「国語」に適用して、次のように言っている[21]。

> 国語に於いては、この主体的なもの辞と、客体的なもの詞とは、常に次のやうな関係に結合されるのである。
>
> 詞　　　辞
> 故郷の山｜よ
>
> この関係は、また別の言葉で云へば、客観的なものを、主観的なもので包む、或は統一しているとも云ふことが出来るのである。包むものと包まれるもの、統一するものと統一

されるものとの間には、次元の相違が存在するので、このやうな詞と辞との関係を、本書に於いては次のやうに図解することにする。

故郷の山よ　　或は　　故郷の山よ

客観的表現、詞が、主観的表現、辞によって包まれ、また統一されるという関係は、種々なものに譬へてこれを説明することが出来る。（中略）本書に於いて、図解に用ゐたは机の抽斗《ひきだし》と引手との関係を象徴化したもので、引手は箱の一面に取付けられてはゐるが、抽斗を引出すものとして、これを包み統一する関係になってゐる。かつ引手は、抽斗を用ゐる主体の使用を助けるものとして、手の延長と考へることが出来るのである。このような詞と辞との関係は、鈴木朖も既に次のやうな譬喩を以て説明してゐる。

詞	辞（てにをは）
物事をさし顕はして詞となり、	其の詞につける心の声なり
詞は器物の如く	それを使ひ動かす手の如し
詞はてにをはならでは働かず	詞ならではつく所なし

この時枝の引用から分かることは、彼が徹底的に主観的（主体的）なもの／客観的（客体的）なものという二項対立を援用していることである。ここにはおそらく西田によるフッサール受

容に対する時枝の解釈が見られるのだが、意識の構造であるノエシス（志向作用）とノエマ（志向対象）の構造を、西田風に主体的なものと客体的なものとの構造として読み替えて、さらにそれを鈴木朖の辞と詞の関係構造にそっくりと投射していることが分かる。ここから帰結することは、とりもなおさず、「包むもの」が常に「主体的なもの」とみなされるということである。この読み替えと投射という二重の操作から実は文法論的な無理が生じる結果になっているのである。しかも、時枝が掲げるこの基本原則（言語における主体的なものと客体的なものという二項対立の原則）がはたして西田の考えに対応するものであるかどうかははなはだ疑わしい。西田哲学との比較はさておき、文法論のレベルにおいてさえ、時枝の包摂の規定と西田のそれとはすんなりと重なっているとは思われない。そのことを簡潔に述べてみることにする。しかし、予め次の操作を介在させて語ることにする。両者の「包摂」概念を共通の土俵（用語法）において語るために必要な操作であると考えるからである。文法論で語られる日本語の文の類型として、以下、次の用語（図式）を用いることにする。

（A）動詞文（現象文）：（例：「梅の花が咲いた。」）
（B）非動詞文（非現象文、判断文）：
（B―1）名詞文（例：「梅の花は、春の花だ。」）

（B―2）形容詞文（例：「梅の花は、美しい。」、「梅の花は可憐だ。」）

ここでは極度に単純化した構図の中で語ることにするが、西田は、包摂をもっぱら判断文（命題文）を例にして語っている。右の図式でいえば、「非動詞文」を通して考えているのである。文法論的には極度に限定された枠のなかで考えていることになる。この点をあらかじめ確認しておかないと西田と時枝の比較は意味をなさなくなる。用語法を定めておくことにした所以である。

西田がしばしば言及した心理学者ヴントの立場についての簡略な説明をここで拝借しておく。(22)

> 心理学者ヴントは判断を賓位の性質から区別して（一）物語（説話的）判断（二）記述的判断（三）説明的判断の三種とした。ところで、普通の形式論理学で取扱う判断は、右のヴントの区別によれば、説明的の判断である。物語的および記述的判断も取扱わないことはないが、これらはみな説明的判断の形式に改造して考察するのである、と言っている。

「……は……」という形に変えてしまうというわけである。

西田の場合は、もっぱら包摂判断の命題（文）をモデルにして考えているわけだから、ヴントのいう三種の判断のなかの「説明的判断」を通して議論しているのである。文の類型としては、一般的な用語法でいえば、「主題文」(主題=提題の助詞「は」を含む文)を通して議論しているのである。すなわち、西田の包摂概念と時枝の包摂概念とは、西田が依拠している文の類型が画一的であるという理由から、文法論レベルではそもそも同じになるはずがないのである。この点を予め押えた上で、次に両者の違いを検討してみよう。

まず、西田の場所論においては、前章でみた「補語」のレベルにおける包摂、詞(概念=もの)を辞(格助詞)が包む形式のレベルの包摂は含まれない。西田は補語レベルの包摂を考慮に入れていない。西田が包摂というときには、判断文レベルで問題になるという意味で、常に「Xハ……ダ(デアル)」という包摂判断文の言い切り(陳述)における包摂だけが問題とされる。文法用語で言えば、指定の助動詞「だ(である)」による包摂のみが問題なのである。同時にまた、西田が包摂を語る時には、動詞文(物語文=説話文)は除外されている。[23] たとえ動詞文が問題である場合でも、すべて判断文(非動詞文)に変換された形で問題にされているはずなのである。

時枝と西田の突き合わせは単発の短い論考で片づくような単純なものではないのは当然だが、あえて極度に単純化して両者の決定的な差異にのみ目を向けることにするが、西田と時枝との差異は、西田が「は」を含む文のみをモデルにして包摂を語ったのに対して、時枝が、むしろ、「が」を含む文である動詞文(現象文、記述文)を主なモデルにしたという点にある。時枝が使っている有名な例文「梅の花が咲いた。」は動詞文である。

ところで、時枝が西田の包摂概念から影響を受けたと言えるとすれば（私にはこの影響は明らかであると思えるが）、その影響はおそらく二重のものであるだろう。一つは、西田における主体的／客体的の対比構図を言語論に取り入れる形で受け継いだこと。時枝の言語過程説の核心部にはこれがある。もう一つは、西田における「無＝場所」の統合あるいは「述語的」統合を、「零記号」という形で取り入れたこと。この二つである。それでは、最後に、西田における「無＝場所」と時枝のいう「零記号」について、文法論的視点から何が言いうるかを述べてみる。

両者の包摂概念は、柄谷の言う意味では非常に近いものであると思えるのだが、文法論的視点に立った場合には、差異の方が目につく。時枝の包摂＝統合が、西田における無＝場所の包摂（統合）と大きく隔たるものであるのはなぜか。理由は二つあるだろう。

第一の理由は、西田が意識の重なり合い、場所と場所との重なり合い、つまり包むものとしての場所同士の重層構造をあくまでも述語の主語化の方向で考えているのに対して、[24]時枝は、西田から主体的／客体的、ノエシス的／ノエマ的の二項対立図式を借用して、その図式を、（文法論への適用ということでやむを得ないとはいっても）言語の線条性を空間化・形象化させる形で適用するに止まっているからである。第二の理由は、時枝が依拠した例文から分かるように、判断文を基本的モデルにしなかった時枝は、包摂の下位区分を曖昧にしてしまう結果になったからである。詞を辞が包むという包摂構造を文法論として語る場合には、主体的／客体的といった哲学的基準を捨てて構文論的基準を打ち立てることに徹すべきであっただろう。少なくとも格助詞の包摂と指定の助動詞「だ」の包摂をはっきりと下位区分として設けるべきであっただろう。なぜなら、この区分を曖昧にして主体的／客体的の図式で押し切ろうとするのはしょせんは無理な相談だからである。

ところで、時枝と西田の関係を問うていくと、私たちは、結局のところ次の本質的な問題に向き合うことになる。時枝の例でいえば、「梅の花ハ咲いた。」と「梅の花ガ咲いた。」、あるいは、「私ハ六時に友人を駅に迎へた。」と「私ガ六時に友人を駅に迎へた。」との間の区別の問題にである。いったいなにを頼りに係助詞と格助詞の境界画定を行えばいいのだろうか。西田は、もっぱら判断文をモデルとしているという意味では、最初から「Xハ……ダ」の文型のみを対象にしているのである。しかも文法的な配慮などには構ってはいなかった。したがって、西田が手助けになるとは思われない。それでは時枝はどうか。時枝は、すでに語ったように、係助詞の役割について関心を示していない。こうして、私は、格助詞と係助詞との相互規定の方向に進む際に、時枝理論がもはや役に立たないことを認めざるをえない。時枝ではなく、本居宣長の「係り結び」の研究に重要性を認めた山田孝雄、三上章、大野晋といった人々を導きの糸にすべきであろう。その時に問題になるのは時枝が無視した「係り結び」である。結局は宣長が研究対象とした係り結びのテーマのなかに日本語文法論の枢要な一点が含まれているという単純な結論へと導かれたことになる。

さっき見た時枝による助詞の分類から明らかになることは（私見によれば）「辞」の規定を鈴木朖の「心の声」という喩えから行っていることである。その結果、いくつかの深刻な混乱を招いてしまったのである。第一に、「心の声」は、時枝自身が言っているように、「感情的なもの」を欠く格助詞にではなく、間投助詞や終助詞にこそ用いるべきである。時枝の助詞の分類でいえば、「感動を表はす助詞」の方にこそ用いるべきである。にもかかわらず、時枝は、心の声＝主観的なもの＝「感動を表はすもの」という漠然とした等式に呪縛されてしまったように思える。第二に、さらに重大なことに、時枝の分類では、係助詞の特殊性がほとんど等閑視されてしまうことになる。この犠牲を払った上で時枝は自分なりの「辞による包摂」の下位区分を行っているのである。すなわち、零記号による統合性は、時枝の場合には、一方では、終助詞、間投助詞を含めた「感動を表はす」助詞に、他方では、陳述性をもった「用言」の連体形と終止形に適用されているのである。結局、一方では、彼の行った独自な助詞の分類に反映されているように、格助詞に関連した「句」あるいは「補語」レベルの包摂と係助詞に関連する、文末（言い切り＝陳述）レベルの包摂とをいっしょくたにしてしまったのである。文を終結させるものについての研究、つまり陳述の研究、それと格助詞の包摂、この二種類の包摂を「包摂」

というただ一つの概念の中に溶かし込んでしまう結果になったのである。

それではなぜこのような失敗をしたのか。この問いは文法論の枠を逸脱せざるをえないが、言語と思考（思想）の関係を問うのが主眼である私としては、ここで、一つの意見（推測）を表明しておく。

鈴木朖のいう「心の声」としての辞、一般に詞（客観的表現）を包む主観的表現と解釈されてきたこの表現は、実は、漠然と本居宣長のイデオロギーとみなされてきたものの一解釈に過ぎなかったのではないのか。宣長はむしろ『詞の玉緒』で、後に係り結びと呼ばれることになるものの法則をほぼ打ち立てるという偉業をなし遂げたわけだが、その背景に抱え持っていたテエゼ、それは、鈴木朖が、そして後に時枝が思い込んだようなものではなかったのではないのか。むしろ、和歌のなかにこそ日本的なものを求めようとした宣長が研究対象にしたもの、それは、主体的／客体的という二分法的対比構造であったのではなく、まさに「係って・結ぶ」構造だったのではないのか。だからこそ宣長は徹頭徹尾研究対象を係助詞と用言の結び（終止形、連体形、已然形）の法則を打ち立てる研究に没頭したのではなかったのか。鈴木が解釈した「心の声」としての宣長的なものとは、宣長自身においては「心の声」というようなものではなく、和歌（日本語による詩歌）における身体性を伴った律動、一つの根本的な身体的・言語的律動（詩的律動）といったようなものだったのではないのか。西洋の韻律学でいうアレクサンドラン（一二音節詩句）にでも比すべきようなものとして、七五調、五七調を包括した歌学（詩学）の研究という意識が宣長にはあったのではないのか。そして、この韻律形式こそは「係って＝結ぶ」という形式を通して発現されていると考えていたのではなかったのか。

これらの推測が的外れでないとした場合、鈴木や時枝の視点では宣長の狙ったものを取り逃がしてしまうのはむしろ必然であったという推論が成り立つだろう。鈴木も時枝も宣長のイデオロギーあるいはイデオロギーとしての宣長にとらわれすぎて陥穽にはまり込んだというのが真相ではなかろうか。案外、宣長自身はこのようなイデオロギーとはとりあえず無縁の場所で黙々と「係り結び」の研究を続けていたのではなかったのか。そして「係り結び」を宣長は構文論（非歴史的なもの）と文字論（歴史的なもの）との交差点にあるものとして意識していたのではなかったのか。係り結びとは、宣長に言わせれば、係って結ぶという構文論的現象であると同時に、文字論的には、辞が主要な役割を担いつつ、係助詞と文末の言い切りの間で織りなされる「歌（和歌）」の生命線をなすものだったということになるのではないのか。しかし、あまりにも安易な推測はこの辺で打ち切ることにしよう。この問題には後日改めて取り組まねばならない。

次章では、係り結びの検討を通して係助詞と格助詞との境界画定を試みることにする。

注

（1）柄谷行人『〈戦前〉の思考』講談社学術文庫、二〇〇一年、一五七頁。
（2）同右、一四九頁。
（3）渡辺実の『国語構文論』（塙書房、一九七一年）は、時枝の文法論の批判的、生産的継承の優れた例である。
（4）柄谷行人『〈戦前〉の思考』前掲書、一五九―一六〇頁。
（5）同右、一六一頁。
（6）柄谷行人はこの点について、「ネーション＝ステートと言語学――2　時枝誠記」『定本柄谷行人集4――ネーションと美学』（岩波書店、二〇〇四年、一八九―二〇七頁）で興味深いことを言っている。
（7）『國語學原論』（岩波書店、一九四一年）にも『日本文法　口語篇』（岩波全書、一九五〇年）にも本居宣長への言及はみられない。『國語學原論　續篇』（岩波書店、一九五五年）に、二カ所（九六頁、一二〇頁）ほんの短い言及が見られるに過ぎない。第三章「言語と文学」においてであり、文法論として宣長の『詞の玉緒』の重要性を感受していたという印象は全く受けない。それに反し、鈴木朖の「言語四種論」に大きな重要性を認めていたことは『國語學原論』を見ても、『日本文法　口語篇』を見ても明らかである。
（8）『日本の言語学』第四巻・文法Ⅱ、大修館書店、一九七九年所収の山田孝雄「助詞の種類別け」（四五〇頁）参照。
（9）鈴木朖「言語四種論」（『國語學大系』第一巻、国書刊行会、一九七五年、一四九―一五九頁）。
（10）渡辺実などを筆頭としてかなりの数にのぼるが、ここでは小池清治の例だけをあげておく。彼は、時枝による「私は六時に友人を駅に迎へた。」の説明において、「私ハ」と「私ガ」との区別が無視されていることについて「時枝はこの点において、山田孝雄、松下大三郎らの業績を無視していたことになる。これは、無視のしすぎと言わねばならない」と言っている（小池清治『現代日本語文法入門』ちくま学芸文庫、一九九七年、一六四頁）。

（11）『本居宣長全集』第五巻、筑摩書房、一九七〇年、五―三一八頁）。

（12）時枝誠記『日本文法　口語篇』前掲書、一八五頁。

（13）時枝は、「格を表はす助詞」を以下のように定義している。「事柄に対する話手の認定の中、事柄と事柄との関係の認定を表現するものであるから、感情的なものは無く、殆どすべてが、論理的思考であると云ってよい」（同右、一八六頁）。

（14）同右、一八六頁、一八八頁参照。

（15）「この一群に属する助詞は、陳述に伴ふ点で格助詞と著しく相違するものである」として時枝は接続助詞と格助詞との区別の根拠を陳述の有無においている（同右、一九一頁）。

（16）『西田幾多郎哲学論集Ⅰ』岩波文庫、一九八七年、一四一頁。ここにある西田の最後の文章は文法的に正しくないので、「我が我を知ることができないのは述語が主語となることができないからである」、あるいは「述語が主語となることができないということである」というふうに訂正すべきである。

（17）本書、三三一―三三六頁参照。

（18）本書、二二五―二二九頁参照。

（19）「空間においては、一つの空間において同時に二つの物が存在することはできないが、意識の場所においては、無限に重なり合うことが可能である」（『西田幾多郎哲学論集Ⅰ』前掲書、一一七―一一八頁）と西田は言っている。

（20）西田は、「場所」の冒頭でプラトンのコーラについて次のように言っている「此《かく》の如きイデアを受取るものともいうべきものを、プラトンのティマイオスの語に倣《なろ》うて場所と名づけて置く」(同右、六八頁)。

(21) 時枝誠記『日本文法　口語篇』前掲書、二〇五—二〇七頁。

(22) ここにある引用は、速水滉『論理学』の文章を三上章が引用しているのを拝借したものである(三上章『日本語の論理』くろしお出版、一九六三年、二〇〇二年新装版、一一頁参照)。

(23) ただし、「存在判断文」を動詞文の中に含める場合には、存在判断文を除いた動詞文というふうに言うべきであるのはもちろんである。ただし、西田は例文というものをほとんど出すことのない哲学者なので、彼が「存在判断」としてどのような命題を念頭においていたのかは知る由もない。西田ほど具体例を示さずに哲学的論証をしている哲学者は希有だと思う。試しに前掲書の八九—九〇頁を読んでみていただきたい。判断論の枠をまもりながら、判断(命題)の例を、ほんの一、二の例を除いて(「赤は色である。」八五頁)、全く出してこない哲学者なのである。時枝との比較が容易でないのはこの理由によるところが大きい。これでいったいプロの哲学者と言えるのかという疑念がつきまとう。例がなければ反論も賛同もできはしない。学者としてのモラルを問いたくなるほど私には不快である。ほとんど堪え難い。

(24) 西田は、たとえば「一般的なるものが一般的なるものの底に、内在的なるものが内在的なるものの底に、場所が場所の底に超越することである、意識が意識自身の底に没入することである、無の無であり、否定の否定である。もし真に判断作用を超越し主語となって述語となることなき基体を求むるならば、これを措《お》いてほかにない」(前掲書、一〇五頁)といった言い方で、場所が場所の底へ、意識が意識の底へ、述語的なるものが述語的なるものの底へ、無が無の底へ超越=没入していくというイメージを好んで用いているが、「円」の形象として頭に描かれている場所に関して言えば、場所が場所を包み、その包む場所がさらに場所に包まれるというふうに、場所同士の相互包摂構造をいわば空間的「深化」の方向に求めている時には、西田は、主語と述語の関係を「主語Aが述語Bに包まれ、次に、その述語Bが述語Cによって包まれることで主語Bとなり、次に、述語Cが述語Dによって包まれることで、主語Cとなり……」という超越＝深化＝没入という無限系列のイメージで語っているのである。言い方こそ西田一流の難解なものになっているが、語られている内容は単純である。それはさておき、時枝としては、包摂を文法構造の空間表象というレベルに留めておく他なかったはずである。主語は「包まれる」だけのものではなく、主語が真に主語であるためには、「包む」ものでもなければならないというタイプの西田的言説を文法論に適用させうるはずはなかったのである。西田が判断文の文全体のレベルで包摂を考えていたのに対して、時枝は種々の文における全ての包摂を問題にせざるをえなかった。ここに西田と時枝の立場上の違いが徹底的かつ不可避的な差異を伴って出てこざるをえなかったのである。文法論的には西田の立場は気楽なものだったと言える。判断文における文末（陳述ないし述語部）の包摂だけを問題にするだけでよかったのだから。時枝の場合には、もちろん、そうはいかなかったのである。

第3章

「は」と「格助詞」との境界画定へ

三　上章から本居宣長へ

前章の引用の短い一節だけを繰り返し引用する。

時枝の「詞」と「辞」という区別は、国学者によるものであり、それも歴史的なのです。もしもこれが非歴史的な日本語のシンタックスから来るものであるならば、同じような膠着語の民族から、同じような問題が出てこなければならないはずです。たとえば、朝鮮語においても出てこなければいけない、トルコ語にも出てこなければいけない。しかし、そういう考えは出ておりません。理由は簡単です。この詞と辞の区別というのは、漢字と仮名で書く、その区別そのものだからです。国学者が詞と辞を区別したのは、文法構造の考察によるのではなく、それが漢字仮名交じりの表記のなかで実現されてきたからです。つまり、言語学そのものが歴史的に漢字と仮名で書き分けてきた歴史的出来事にもとづいている。(1)

ここで立てられている問題の射程は遠大である。「詞と辞」の区別が文法構造の考察に由来するものではなく、「漢字仮名交じりの表記のなかで実現されてきた」ものであるという指摘がなげかける問題は深刻である。このようにして問題が立てられてしまったこと、そのこと自体が一つの出来事である。なぜなら、「詞と辞」の区別が文法構造の考察に由来するものであることを疑った者がいたとは思えないからである。もはや、私たちはこの問題と向き合うことを回避するわけにはいかない。とりわけ日本語文法を専門にする者たちは。なぜなら、時枝誠記のみならず、国文法構築の功労者とみなされている人たちは、それぞれの仕方で、「詞と辞」の文法論を目差した人たちであったからである。なんらかの形で国学者たちの「詞と辞」の区別を継承していない文法学者は、少なくとも草創期の著名な文法学者の中には、一人もいないのである。にもかかわらず、私はこれまで、上記の柄谷行人の問題提起に対峙していると思わせる省察や言及に出会ったためしがない。にもかかわらず、柄谷によって提起された問題はもはや避け得ない。以下、私は自分なりの仕方でこの問題に正面から向かい合ってみることにする。しかし、身近な問題であると同時に遠大な射程をもつこの問題に切り込むにはそれなりの手順がいる。手始めに、まずは「文法論」の問題に限ることにする。

しかし、手始めにとはいっても、この問題を扱う際の方向づけに関してだけは述べておかなければならない。一つには、いわゆる日本人論、日本文化論の最強の源泉をなすと思われる本居宣長の思想を「日本語と日本思想」の問題として扱う方向に進みたい。今回の試みはいわばその序章にすぎない。なぜなら、柄谷行人も婉曲に語っているように、この問題に向き合うためには、日本語と他の膠着語、少なくとも日本語と韓国語との比較が前提にされなければならないからである。たとえば、一九八一年に発せられた渡辺吉鎔《キルヨン》の次の指摘を正面から受け止めるべき時期が来ているからである。

現代日本語論の中で、日本人が日本語を通して、自分自身や自国文化をどのように捉えているかは、この間ずっと私の最大の関心事であった。現代日本語論は、ひたすら日本語を欧米語と比較することにより、いわゆる日本語の特色を見出し、その特色を日本人論、日本文化論へと拡大展開させている。誰一人として、言語的に日本語に最も近い朝鮮語からの視角をとり入れて、日本語の特色を捉えようとしたものがいなかった。その結果、数多くの誤解が生まれている。(2)

言語学者の中には、日本語と他の膠着語との比較研究をしている学者もいるということを耳にすることはあるが、日本語文法論に彼らの研究成果が反映されるという状況にはいまだ至っていない。私としては、「係り結び」と呼ばれるものに関してだけでも、琉球語、吏読《りと》(漢字の音訓を借りての朝鮮語の表記法)、郷歌(新羅時代の歌謡)におけるそれと、日本語におけるそれとの比較が一般の読者にも近づけるようになる日が遠からずやってくることを切望している。とりあえず、私としては、三上章の文法論の検討を通して本居宣長の「詞と辞」の言語論へと遡行するための通路を探ってみることにする。

三上章の文法論

三上章は不運な学者であった。彼の主語廃止論は思わぬ抵抗に遭遇した。その抵抗は彼の同胞、同学の士によるものであった。エピソードによれば、彼は、早々と一九四二年の時点で、自らの主語廃止論によって「主語」という言葉が消えてなくなるにちがいないと本気で信じていたとのことである。[3] しかし、抵抗は厳しかったのであり、「主語」という言葉は日本語の文法論からいまだに消えてはいないのである。

このような書き出し方をしたのには理由がある。私は次の一点へと読者の注意を向けさせたかったのである。三上の文法論は、この頑強な抵抗によって微妙ながら一つの深刻な問題（予断）を抱え込むことになっただろうことに。それをとりあえず主語廃止論の陥穽と呼んでおこう。

周知のように、三上が採用した主語廃止論のための基本的な手順とは、二重の操作によって、「主題」でもって「主語」を国文法から閉め出すことにあった。第一の操作は、「Xハ云々」のハを主題（あるいは提題）の助詞と名づけることであり、第二の操作は、「Xガ云々」のガを「主格補語の助詞」と名づけることであった。これは、むろん、日本語の最も根本的な文型を、「主述（主語・述語）」文ではなく、「題述（主題・述語）」文であるとみなすことでもあった。そして、三上は（次章で詳しく語ることにするが）、彼の主語廃止論の理論的根拠を、本居宣長の「係り結び」の研究の中に認めることになったのである。

三上章のこの戦いは、一見成功したかに見える。なぜなら、三上の根本的な主張の多くが、現在では、広く取り入れられているからである。ところが、そこに問題がないわけではない。ここで二つの疑問を提示してみたい。一つは、三上の主語廃止論の中に、一種の、いわば形而上学的な予断とでもいったものが紛れ込んでいはしないかという疑問である。私は、三上の「主題」概念の中に一種の理論的予断の匂いをかぎつけないわけにいかないのである。もう一つは、三上の文法論の乗り越えを目差した三上以後の文法学者がはたして三上から前進しているのであろうか、という疑問である。私の印象では、三上から前進しようとした有能な文法学者が、ある本質的な意味において、逆に三上から後退しているように思えるのである。この二つの疑問をめぐって以下いくつかの問題点を検討してみることにしたい。そして、最後の方で、ささやかながら、三上からの一歩前進の方向へ向けて模索された私なりの「代案」の提示を試みることにする。

頑強な抵抗によって予期せぬ試練を受けることになった三上が、その抵抗に対しての徹底抗戦を余儀なくされ[4]、結局は主語廃止論の陥穽にはまり込んだ（と私には思われる）のだが、同時にまた、その陥穽からの脱出の手段は、三上自身の理論のなかに見出せる、と私は考えている。

「主題」ということばについての疑問

私の立場を繰り返し表明しておく。私は日本語文法のあり方をあくまでも「外国人のための文法」という視点から論じるという立場をとっている。したがって、日本語を母語とする人間のための文法には関心がない。私が求めるのは、母語を共有するという甘えの許されない形での文法論である。日本人に向けて高尚そうな議論を展開している文法論に対する敬意は持ち合わせない。私が三上の理論に強い敬意の念を抱いているのは、三上という人が、外国人にとって日本語文法の何が難しいかということを実によく感じとっていた学者だったからである。外国人にとっての日本語の難しさにはいろいろある。しかし、なかでも大きいのは助詞であろう。ただし、助詞の数が多いからではない。逆に、重要な助詞の数がごく限られているのに、複数のカテゴリーにまたがる形で場所を占めている同形同音の助詞の数が多いからである。日本人でさえ大いに悩まされるのだから、ましてや外国人にとっての困難は大変なものである。しかもハ、ガ、ニ、トといった重要な助詞ばかりである。外国人にとって、助詞の把握は、日本語理解の鍵になるほど重要なものであるが、なかでも重要なのは（山田孝雄以来の伝統的な用語を使えば）係助詞と格助詞との根本的な差異ならびに役割分担を把握することであると言えるだろう。この点において、三上の文法論が傑出しているように思えるのだが、それは三上が省察の中核とみなした文法事象が、外国人にとってもやはり最も枢要な部分を成しているからではないかと思われる。三上には、外国人にとって有効であるようにという配慮、つまり、何が最も根本的であるのか、そして、それを理解した段階で、次にどこに進んでいったらいいのかという配慮があるように思えるのである。ようするに、無駄に難解であるという印象をほとんど感じさせないというところに先ずは敬意を表したい。ただし、むろんのこと、三上理論の中にも、納得のいかないものがないわけではない。いくつかの点では不満や賛同できない点がある。[5] しかし、ほとんど唯一のと言っていい大きな不満は、なんといっても彼の「主題」（あるいは「提題」）概念に対する不満である。[6]

三上の理論の骨子は助詞論にあると思われる。[7] そして、その核心部には係助詞の「は」と「格助詞の全体」との間の境界画定の企図が認められる。もちろんこの企図に至るまでには先行の理論との長い対話があったはずであるが、とりわけ重要だったのは以下の二つだろう。三上は助詞の「は」を係助詞と呼ぶこともあれば副助詞と呼ぶこともあって一定しないのだが、助詞の「は」の定義に関して、二つの系譜のなかに位置づけられうる。まず、主題（提題）という概念においては、松下大三郎と佐久間鼎の系譜につながる。もう一つは、陳述に勢力を及ぼすか否かによって「は」と「格助詞」との間に境界線を引くという点で、山田孝雄の系譜につながる。とりわけ、山田が「は」という助詞の本性に関して語っている次の見解に三上は賛同していると思われる。

「は」といふ助詞は主格を示すことを本性とするものにあらずして、その本質は一定の陳述を要求するといふ點にある事の明白になるべきなり。本居宣長の「係り」といひしは實にこの意味にてありしにて「結び」と云ひしはそれに對する一定の陳述をさしたりしなり。而してかゝる性質は係助詞すべてに通ずるものなりとす。(8)

私は、「ハとガ」の境界画定を「は」と「格助詞の全体」との境界画定として試みている三上に敬意を表したい。しかし、三上の「主題」ないし「提題」という概念には納得がいかない。とはいっても、この概念を使わないで三上と、というよりは、日本文法界の人々と議論することは、現状では、絶望的に難しい。主題という語を用いないで語る文法論の代案があると堂々と胸を張って言い切れるほどの自信はない。しかし、三上から一歩前進することを目標に掲げる場合には、どうしてもこの不一致点を前面に押し出さないわけにはいかない。

三上に対して私が覚える唯一と言っていい大きな不満は、三上が、いわゆる主題の表現（「Xはといえば」、「Xについていえば」等々）と「Xは」とを暗黙に等式記号で結んでいることなのである。

もちろん、この等号化は、三上の「作業仮説」としては非常に納得のいくものである。三上は、自分のたどったコースを次のように回顧している「読み返してみて、三〇年間考えが進歩していないのにわれながら驚く。変わったのは用語ぐらいである。最初の主語マッ殺論も、主語廃止論をへて、主語否定論に落ちついた[9]」。日本語のための日本語文法論を打ち立てるべく真正面に掲げられた目標である《主語という文法用語を使わない文法論樹立》という三上の企図、それに対しては全面的に賛同する。にもかかわらず、私の不満は不満として残る。「Xハ」は、「Xトイエバ」や「Xニツイテイエバ」とはあきらかに異なる言語表現である。だいいち字数と音節数がまるで違う。その二つを等式記号で結ぶことが可能であると考えるのはいくらなんでも行き過ぎである。「Xハ」は、あくまでも「Xハ」でなければならない。ここで、繰り返し三上に対する不満を以下のように表明しておく。三上が日本語文法から「主語」という有害無用の語（概念）を追放した功績に対しては賞賛の念を惜しまない。しかし、「Xハ」のハを「主題のハ」あるいは「提題のハ」と呼ぶのは行き過ぎである。「Xハ」のハに与える名称は別にあるはずだと思う。

それでは次に、不満の理由を述べることにする。その理由は以下のように表現できる。彼が押し進めた主語廃止論において作業仮説として括弧付きで掲げられていたはずの《Xハは主語ではなく主題と呼ばれるべきである》という理論的前提、これは、いったん主語廃止の目的が達成された時点で、出発点に立ち返って、いま一度吟味されるべきはずのものだったと私は思う。三上は、たぶん、《Xハを主題と呼ぶのが妥当である》という作業仮説に付されていたはずの括弧を取り外すこと、つまり、本当に妥当かどうかの吟味の手順を飛ばしてしまったのである。私に言わせれば、「Xハ」の「ハ」を「主題の助詞」という表現で定義するのが絶対的に正しいかどうかという問題にはまだ決着がついていないのである。主語の閉め出しに成功した時点で、三上はこの吟味を実行すべきであっただろう。しかし、不幸にも主語の閉め出しに成功を収めたという確信をついに持てなかったらしい三上は、結局のところ、括弧に入れられていたはずの肯定、すなわち、《Xハのハは、主題(提題)のハである》という根本的な肯定を一度は徹底的に疑ってみなければならなかったはずなのに、その手続きを結局は飛ばしてしまったのである。

それでは、あなたにはどんな代案があるのかという質問が早速私に差し向けられるに違いない。この質問には最後の方で、私自身の「代案」の提示をもって答えたいと思うが、あらかじめ次のことだけは言っておこう。

私は、三上理論のなかに代案が隠されていると考えている。したがって、問題は、三上理論をほんの少しずらすなり移動させるだけで十分だと考える。私が自分で付け加えるべきものはほとんどないのである。私が文句を言いたいのは、「Xハ」を主題の表現と呼ぶことには無理があるということだけである。なぜ文句を付けたいかというと、主題の表現は主題の表現として日本語の中にいくらでもあるからである。主題の表現とは、たとえば「Xハトイエバ」「Xニツイテイエバ」などであり、「Xハ」ではない。「Xハ」という表現は別の名称で呼ぶべきであると思うのである。

三上自身の表現を借りて、三上になり代わって、以下のような解決策を提案しておきたい。「Xハ」は「虚勢的係り」の表現であり、「虚勢的（文末との）呼応」の表現であると。[10] これなら「Xハ＝主題（提題）」という理論的な無理強いは消失するだろうと思うからである。このように、私は、不運な文法学者三上章自身の中に三上を一歩前進させる可能性を読みとりたいのである。

三上章の文法論に馴染みのない人のために『象は鼻が長い』の冒頭の一節をここで引用しておこう。小見出しには「1・Xハの両面」とある。

日本語で典型的な文（センテンス）は、「Xハ」で始まる題述関係の文です。公式で一括して

Xハ、ウンヌン。

と書くことができます。題目の提示「Xハ」は、だいたい「Xニツイテ言エバ」の心持ちです。上の「Xニツイテ」は中味の予告です。下の「言エバ」は話し手の態度の宣言であり、これが述部の言い切り（文末）と呼応します。

後者、すなわち文末と呼応して一文を完成する仕事は「ハ」の本務です。前者、すなわち中味への関与の仕方は「ハ」の兼務です。「Xハ」には、本務と兼務との両面があることを知り、始終それを念頭に置くことがたいせつです。[11]

この簡潔な一節の中に三上の文法論の骨子がみごとに表現されている。ただ、たった一つ不満なのは、「Xハ」が「Xニツイテ言エバ」と、等号で結びつけられてしまう方向へと横滑りしていることのみである。

ここで、くどいようだが、念のため私の三上に対する不満をもう一度くり返しておく。かりにここで「Xハ云々」の「Xハ」が、文字通りに主題ないし提題の表現であると仮定してみよう。また、日本語の文章というものにおける最も根本的な構文が「題述構文」であると仮定し

てみよう。また、こうした認知（主題の認知、題述構文の認知）が発話時に意識化（有意化）可能であると仮定してみよう。その場合、それは何を意味するだろうか。こう想像せざるをえないが、日本語を話す者は（日本人であれ外国人であれ）数十分もしたらヘトヘトに疲れてしまうことだろう。「Xハ云々」という構文を連発する人間がヘトヘトにならないのは、それが主題の表現だとは感じていないからだと思う。それに反して、「Xトイエバ云々」、「Xニツイテイエバ、Xハ云々」の構文を連発するのは相当な疲労を伴わずにはすまないだろう。主題化の表現を連発させるのはかなりの精神集中を伴うはずだからである。この一事からして「Xハ云々」の「ハ」を主題のハと呼ぶことに私は反対である。だいいち、「Xハ云々」という形式は非常にありふれたものであり、話し言葉はともかくとして、書き言葉においては、たぶん最も平凡で最もありふれた文の形式である。主題などという大げさな表現は避けるのが賢明だと言いたい。

もちろん、様々な事情を心得た上で言っているつもりではある。たとえば、フランスの日本語文法においては、朝鮮語文法同様に、[12]主題のハ、主語のガ（主格のガではなく）が長らく公用語だったのである。日本語文法と韓国語文法（モンゴル語文法なども含まれていたらしいが）の双方に通じていた学者の手になる理論に従っていたからである。主語という名称すら完全には消えていないのが現状である。その意味では、三上の用語法はそれだけでもすでに価値があるとは言える。しかし、それでも、主題や提題という用語は使わないに越したことがないという意見を堅持したい。

ポスト三上の理論は三上から前進したか

ポスト三上という区切り方をした場合、重要な文法学者は幾人もおり、選択は楽ではないのだが、三上理論との関係の深い学者から二人を選ぶことにする。大野晋氏と寺村秀夫氏の二人である。また、共通テーマとしては、前者に関しては、「既知と未知」について、後者に関しては「取り立て」についてである。

「主題」（あるいは提題）については、この二人と三上の間に目立った差異はないように思われる。三上と大野、三上と寺村の比較を手短に行うのは容易ではないが、論点（比較事象）を絞り込んだらある程度可能になるだろう。

(1) 三上と大野晋

三上も大野もハとガの境界画定を徹底的に押し進めた理論家である。両者の理論的立場の違いを手短に要約してみる。大野晋は、山田孝雄が定義した「係助詞」の全体と「格助詞のガ」との間の境界画定を賭金にして、この目標に向かって省察を続けた人物である。それに対して、三上章は、「格助詞」の全体と「係助詞のハ」（三上はしばしば「副助詞のハ」とも呼んでいる）との間の境界画定を試みた人物である。ここからも予想されるように、両者がともに「ハとガ」の相互規定を行ったとはいっても、かなりの懸隔があるように思える。

三上は、周知のように、日本語（膠着語）の文の根本は「主語」と「述語」の二部構成からなる「主述文」ではなく、「主題」と「述語」の二部構成をとる「題述文」であるとしている。[13] この点を強調する姿勢には徹底したものがあり、たとえば次のような発言が見られる。「そもそも主述関係という関係は日本語にはてんで存在していない——と悟らなければ、構文の解明には手が出ないでしょう」[14]。そして、このことを示すために三上は日本語における助詞の職能（機能）に注目し、とくにまた、係助詞ハと格助詞全体との徹底的な比較検討（相互規定、境界画定）を研究の中心に据えたのである。その際、ハの機能の両面を本務と兼務と規定し、本務におけるハが格助詞全体に対してもつ弁別特徴を、その特異な「係り方」の中に認める立場をとった。つまり、〈ハと格助詞全体との境界画定〉の根拠を両者の「係り方」の違いに求めたのである。三上の定義を引用しておこう。

「Xハ」そのものは、文末（活用語尾、またはそれに文末助詞などを加えたもの）まで係ります。題目と述部とは呼応し、張り合って一文を完成するのです。日本文法で何述関係と言

えるのはこの題述関係だけです。(15)

兼務に関しては、(ハを含む)主題文のハが、ほとんど常に、一つの格助詞を兼務(代行)しているとみなしている。その際、非常に控えめにではあるが、主題性の有無の説明を、「既知と未知」という二項対立の援用によって行ってもいる。(16)

それに対して、大野晋の理論は、三上が控えめにしか語ろうとしなかった「既知と未知」という基準を前面に押し出した点に第一の特徴がある。理由があってのことにちがいない(その理由については次章で語る)。これと直接に関連した第二の特徴として、彼は「ハとガ」の対立という構図で両者の差異を論じていることがあげられる。これは三上には見られない構図である。なぜ大野が「ハとガ」を対立的なものとして捉えているのかという理由は、実は、彼の「係り結びの研究」と深い関係があるのである。そのことを考慮しない限り彼の真意はつかめないものと思われる。また、この対立図式が根本的であるがゆえに、彼にとっては「既知と未知」という二項対立がかくまで大きな重要性を担っているのであろう。「Xハ」=既知、「Xガ」=未知という等号化の試みには徹底したものがある。まるで、この等号化の適用によって根本的なことが語られうるとでもいった意気込みである。それに対して、たぶん三上は、根本的にカテゴリーを異にするはずの「は」と「が」を、大野のような対立図式で語りうるとは考えていない。「既知と未知」という二項対立による弁別化がある程度の説明原理にはなりうるかもしれないという程度の重要性しか与えてはいないのである。ここにおそらく両者を分つものが伏在しているはずである。

ところで、大野における「既知と未知」概念の援用だけを問題にするのであれば、それは三上がすでに語っていたことであるという一言でほとんど片づいてしまいそうにさえ思えるのだが、ことは、もちろん、それほど単純ではない。なぜなら、大野の「係助詞（の総体）」と「（格助詞の）ガ」との徹底比較の企図の背後には彼の重要な省察である「係り結び」の研究が控えているからである。しかし、おそらく、大野にとって、三上に対する自分の独自性を表明することはあんがい困難なことだったと推測される。かの有名な『日本語を考える』（岩波新書）の時期にはうまく語れていなかったのである。この本の最初の註の中で彼はこう言っている。

ハとガについては三上章氏が『象は鼻が長い』（一九六〇年刊）、『日本語の論理』（一九六三年刊）等において、鋭意論じている。氏は主語廃止論を述べ、また、助詞の代行という理論を立てている。それらの点で私は三上氏の論に賛成しかねた。[17]

この言葉からだけでは賛成しかねた理由が何であったのかを知ることはできないが、大野の力作『係り結びの研究』(18)の中で語られている「係り結び」の理解の仕方を三上のそれと比較することによって、彼の狙いがどこにあったのかを推測することができると私は考えている。従って、大野と三上との比較は次章（係り結びをテーマにする予定）に先送りにさせていただく。ここでは以下の点を指摘するに留めておく。

まず、大野の「既知と未知」に関してだが、彼は奇妙にも言及を避けているが、三上の著作の中で本質的なことはすでに言われているのである。それにまた、三上が「既知と未知」についての言及を意図的に抑えているということに注意しなければならない。三上は、たぶん「既知と未知」という二項対立で「ハとガ」の境界画定を押し進めることを自らに禁じているのである。両者の理論の比較は次章にゆずるとして、あらかじめ言えることは、大野の立場が「係助詞対ガ」という枠で「ハとガ」の境界画定を試みたのに対して、三上は、同じ試みを「格助詞とハ」という枠で行ったのである。

大野の独自性は、格助詞の中の「ガ」の担う特異な職能（機能）に大きな重要性を認める視点を打ち出していることにある。ある意味では、格助詞のガに係助詞全体の構文論的職能と拮抗しうる職能を認めようとする立場なのである。結局のところ、三上と大野の立場上の違いは、（本居宣長をめぐっての）「係り結び」と呼ばれる事象を文法論的にどのように受け止めるべきかという巨大な問いをめぐる差異に帰着するだろうことをここで予告しておきたい。

(2) 三上と寺村秀夫

寺村秀夫の大著『日本語のシンタクスと意味』(全三巻) は、山田孝雄、時枝誠記、渡辺実の理論などに並んで、三上理論を重要なバックボーンにしていることは明らかである。しかし、寺村にも、大野同様に、三上乗り越えの意志が垣間みられる。これは乗り越えの意志であり、三上理論をほんの少しずらすことによって前進するといった構えではない。その姿勢が最も鮮明に垣間みられるのがまさに「取り立て助詞」という助詞の一カテゴリー樹立の意志においてである。ここで真っ先に以下のように自問したくなる。寺村は、三上の「取り立て」についての言及にどんな本質的なものを付け加え得ているのかと。というのも、「取り立て」については、すでに三上による省察があるからである。ただし、「既知と未知」援用の場合と同様に、「取り立て」について三上はほんの少ししか字数を費やしていない。このことは三上の不十分さをなすものだろうか。寺村の本の第七章「取り立て——係りと結びのムード」という一九〇頁に及ぶ論考を読む者は、そう自問せずにおれなくなる。

三上による「取り立て」についての言及の検討から始めよう。言及回数は少ない。年代順に並べると (著書だけに限っていえば)、一九五五年の『続・現代語法序説』(初版) から一九六三年の『文法教育の革新』までの五冊の著書の中に、この語は全部で二十回ほどしか出てこない。

しかも、最初の本のなかでは、「取り立て」ではなく、「取り出して引き上げ」が一回、「引き上げ」が二回である。題目としての取り立てという考えが表現上はっきりとしたのは一九六〇年からであったと言える。[19]

三上のこの語の用法を検討してみると、最初の『続・現代語法序説』における例以来一貫しているように、たとえば、「私が彼女の結婚の仲人をしたコト」という内容の文を四通り列挙して、以下のような「名詞のピック・アップ」が可能であるということを示すために使われた用語であった。[20]

一、**私ハ**、彼女の結婚の仲人をした。
二、**彼女の結婚の仲人ハ**、私がした。
三、**彼女の結婚ハ**、私が仲人をした。
四、**彼女ハ**、私が結婚の仲人をした。

『象は鼻が長い』の例では、

「沖縄で、木の成長が早いコト」(あるいは、「沖縄の木の成長が早いコト」)という同一の内容を表す文として以下の三つの例があげられている。[21]

一、**沖縄ハ**、木の成長が早い。
二、**沖縄の木ハ**、成長が早い。
三、**沖縄の木の成長ハ**、早い。

ようするに、一文内のある要素の「主題化（ピック・アップ）」が幾通りか可能である場合に、その複数の主題化（提題化）のメカニズムを名指すべく「取り立て」「ピック・アップ」「引き上げ」という用語が用いられているのであり、それ以上の意図を持っていたとは思われない。いわば、三上の「取り立て」とは、ある要素（名詞あるいは句）のトピック化（ピック・アップ）の説明のための表現に限定されたものであったと見ていいだろう。そして、このトピック化は助詞の「は」（厳密に言えば「も」をも含む）の付加によるものであるという限定が付けられていたと見ていい。三上は、「取り立て」という語を係助詞の「は」の一面、彼のいう「Xハの両面」の一つである「ハの兼務」の用法に限定して用いていたと言える。それに対して、寺村の場合には、はるかに遠くまでこの「取り立て」観念を拡大適用させている。ここに三上との大きな違いがある。寺村は、「取り立ての助詞」という独立の一カテゴリーを設けて、係助詞の全体のみならず副助詞の全体をも、このカテゴリーの中に収めてしまうのである。それを正当化させる論拠を『日本語のシンタクスと意味Ⅰ』の序章の中で、次のように語っている。

あることを主題として取り上げ、それについて何ごとかを述べる文は「題述文」と呼ばれるが、主題を提示するというのは、もっと広く、文中にある語や句を「取り立て」、それを際立たせる、つまりほかの何かとの対比においてそれについて述べる、という種類の構文の一つだと考えられる。いわゆる副助詞も、この意味では係助詞と共通する機能を持つ。(22)

私の目には、これは驚くべき表現である。第一に、その大胆極まる構想において、第二に、三上章のいう「Xハの両面」である本務と兼務との位階を逆転させていることにおいて、第三に、「主題を提示すること」を（係助詞の）「ハとモ」に限定しないのみならず、係助詞と副助詞を包括するような巨大な助詞のカテゴリー創設を企図していることにおいて、そして第四に、厳密さを欠く用語法において、つまり用語法の驚くべき杜撰さにおいて。

寺村によれば、「取り立て助詞」の職能（機能）とは、「文中のいろいろな構成要素をきわだたせ、なんらかの対比的効果をもたらすこと」(23)であるとされるのであるが、ここで思い起こしておくべきなのは、第一に、三上の場合には、彼は一貫して、「取り立て」を「主題化（提題化）」（ピック・アップ）という意味で語っており、「際立たせ」という用語では決して語ってはいないことである。二人の違いは私を戸惑わせずにはおかない。第二に、寺村の表現「取り立て・対比的意味[24]」もまた非常に人を面食らわせるものである。ある要素が「取り立て」の結果として、対比的効果を帯びるということはたしかに言える。しかし、対比性は、実は、ナイーブに思い込まれているほど強い性質のものでは決してないのである。格助詞の与える排他性[25]に比べて遥かに弱い性質のものである。

どうやら、寺村は二重の錯覚に陥っているのである。第一に、寺村は、「あるものを際立たせること」を「ほかの何かとの対比においてそれについて述べる」こととしている。つまり、寺村においては、「際立たせること」と「対比的効果をもたらすこと」との間にある構造的な差異が無視されており、両者が混同されているのである。第二に、対比的効果と排他的効果との間にある構造的な差異が無視されており、両者が混同されているのである。以上の二点をとりあえず二重の錯覚と名づけておく。そして、以下、その論拠を示すことにする。

そもそも、「排他」と「対比」は、山田孝雄以来[26]、混同されてきたものであった。三上章は、『日本語の論理』の「排他、対比、不問」と題された一節の中で山田の誤りを次のように指摘している。

山田孝雄が、ハはその意排他的にして事物を判然と指定し他と混乱するのを防ぐのに使われる、と言って以来、ハの排他性という思想がいくらかひろまったように思われる。兄は学者だが、弟は政治家だ。

のような用法を頭において、そう言ったのであるが、これはハの代表的用法とは言えない。それにこのような用法のときでも、その性質を排他的と呼ぶのはまずい。佐久間『現代日本語法の研究』(52) の修正意見の通りである。

〔中略〕

排他的（他を押しのける）なのはガの方である。[27]

たぶん寺村秀夫も山田孝雄と同様の錯覚に陥っているのである。ただし、単なる錯覚というよりも、一つの陥穽にはまり込んでいるのである。「取り立て」の説明のために、この語（概念）に、「際立たせること」と「対比的効果をもたらす」という二つの属性を与えることにしたのだが、ここには根本的な無理があったのである。ある要素（一名詞なり一つの句）が取り立てられた結果として、対比性というものの認知が可能になるのであって、「取り立て」そのものには対比性もなければ、際立たせの性質もない。寺村はこの一点に関してもっと慎重（厳密）であるべきだったのである。

寺村は、自らの「取り立ての助詞」論の展開において、おそらく以下の二つのことに無自覚だったのである。第一に、係助詞の「は」と係助詞の「こそ」あるいは副助詞の「だけ」とを、ある意味では、全く同列において（根本的な区別を設けないで）論じていること。第二に、係助詞の「は」と格助詞の「が」を全く同列において論じる結果になってしまうこと。『日本語のシンタクスと意味Ⅲ』の第七章「取り立て――係りと結びのムード」の中には、このことに起因するはずの矛盾が散見される。「取り立て・対比的意味」という表現をもう一度検討してみよう。まず、寺村の説明を引用しておこう。

a.　末ッ子ダケツイテ来タ

b.　末ッ子ダケツレテ来タ

a.では「ダケ」のかげに「ガ」が、b.では「ヲ」がかくれている。そういう格関係を包み込みつつ、「ダケ」は、「末ッ子」と他のもの、ここでは多分「上の子ども（たち）」を対比させる役割を果たしている。このような関係的意味を、「取り立て・対比的意味」と呼ぶことにする。(28)

寺村は、三上が「ハの兼務」として語ったことを副助詞の「だけ」にまで拡大適用して、「格関係を包み込みつつ」（三上なら格関係を兼務しつつと言うだろう）対比的意味を与えるメカニズムについて考えているのである。それはそれとして興味深い試みであるとも言えようが、しかし厳密であることが必要である。三上と寺村との決定的な違いは以下の二点に要約される。(1)、三上における「取り立て」においては、複数のピック・アップが可能である場合に、文のある要素を引出し、それを主題化させるという意味である。そして、彼の与えた主題化の規定に従って、助詞は、係助詞の「ハとモ」に限定された上で「取り立て」という語が用いられているのである。それに対して、寺村は、一方では、三上の「提題(主題)」概念を大幅に拡大して、彼のいう「取り立ての助詞」という巨大な数の助詞にまで拡大適用させていること。(2)、三上が「対比」という概念を係助詞のハに限定して語っているのに対して、先の例に見られるように、寺村は「だけ」(副助詞)にまで拡大適用させていること。

寺村の用語である「取り立て・対比的意味」は、二重の意味で三上の用語法に対立するものである。第一に、「取り立て」に関して言えば、寺村が例にあげている文「末ッ子ダケツイテキタ」の中に三上の言う意味での「取り立て(主題化)」(ピック・アップ)は見当たらない。なぜなら、三上の用語法に従った場合には、「取り立て(ピック・アップ)」は、「末っ子だけ付いて来たコト」という同一内容の文が複数可能性である時に問題になる概念だからである。この内容の文は寺村のあげている例以外には考えられない。複数の文の可能性はまったくない。従って、寺村があげている例文に対しては、三上は「取り立て」(ピック・アップ)という用語を使うはずがない。第二に、「対比的意味」に関してだが、先の引用の中にあった寺村の次の表現は驚くべきものである。《「ダケ」は、「末ッ子」と他のもの、ここでは多分「上の子ども（たち）」を対比させる役割を果たしている》。この文のどこに「対比」があるのだろうか。ここには対比があるのではなく、限定ないし排他（＝選択）があるだけである。対比とは、少なくとも三上の規定においては、XとX以外のものとの対比である。ところが、寺村の例だと、たとえば、「末っ子」と「長男（長女）」、「次男（次女）」などの、（少なくとも全部で）二つ、ないしは三つ以上の範列（もの）における「選択＝排除＝限定」と同じ意味で「対比」概念が押えられているのである。

三上が「取り立ての主語」と呼んだ「Xハ（それとモ）」、「取り立ての補語（補足語）」と呼んだ「Xニハ」、「Xカラハ」[29]においては主題化（三上においては「取り立て」と同義である）に伴う（つまり主題化の結果として生じる）「対比性」だけが問題にされていたのである。そして、三上が係助詞の（「も」を除外することなしに）「は」だけに限定して論じているのは、それなりの理由があってのことなのである。「こそ」や「だけ」を除外して語っているのは、それらを「は」と同列においては論じることができないと考えていたからに違いないのである。「こそ」や「だけ」は、「は」の対比性とは本質的に構造を異にすると考えていたからに違いないのである。

結局のところ、寺村は、自らが投機買いした「取り立て」というコトバの意味論的な陥穽にはまり込んだのである。「取り立て」は、三上の例に見られるように、二つないし四つ（あるいはそれ以上）の取り立ての可能性（選択肢）に対して用いられるべき文法用語なのであって、三上のいう「取り立ての主語」（Xハ）あるいは「取り立ての補語」（Xニハ、Xカラハなど）が一律に与える「対比」という性質とは次元をまったく異にするものなのである。三上の用語である「取り立て」（ピック・アップ）には曖昧さは全くない。「取り立て」の助詞が「対比」という性質を与えるという点でも一貫している。それは、三上が、助詞として「は」と「も」に限定しているからである。

もちろん、寺村は、そのことを十分承知の上で、あえて「取り立ての助詞」という一つのカテゴリー樹立の方向（賭）に踏み出したのである。しかし、当然のごとく、寺村の壮大な企図の前にはいくつかの、たぶん乗り越え不可能な難問が立ちふさがっていたのである。寺村の企図はどこまで成功しているのであろうか。あるいはまた、どのような理論的破綻を見せているのであろうか。このことは三上との比較を通して今後確認されていかなければならないものであると言っておこう。

それでは最後に寺村が三上をどのように乗り越えようとしたかについて少しだけ語ってみたい。

寺村は、山田孝雄が係助詞として「ハ、モ、コソ、サエ、デモ、ホカ、シカ」を、副助詞として「バカリ、マデ、ヤラ、カ、ダケ、グライ」を挙げていることを確認した後に、佐久間鼎の助詞の分類を以下のように簡潔に述べている。

佐久間鼎（1940—1952改訂版）は山田と松下の考えを吟味した上で、山田の係助詞からハ、モを切り離して（松下にならって）「提題の助詞」、残りにダッテを加えて「係り助詞」とし、「副助詞」は山田説をそのまま（ただし、ホドも加えて）ひきついでいる。[30]

三上もまた佐久間とほぼ同じ立場をとった文法学者である。ここで注目すべきことは、三上もまた、山田の係助詞のリストから「ハ、モ」の二つを分離させたことである。こうした前提の下に三上は「取り立て」概念を援用したのである。だからこそ、「取り立て」を「ハとモ」に限ったのである。その意図はどこにあったのか。この問いに答えるのは実は容易ではない（次章で語ることにする）。三上は、おそらく、同じ係助詞でも、「コソ」は「ハ」に対して何かが根本的に違うと見ていたからだと思う。陳述という点では区別が難しいだろうが、別の次元では何かが違うと見なしていただろう。この点に関しては、三上のハについての説明が三上の考えの解明の手引きになると思う。

三上は、「有題と無題」という根本的な区別を前提にして、有題を「顕題、陰題、略題」という風に下位分類し、それに無題を加えて四つの類型を数え挙げている。三上の文法論を通して有名になった例をここで参照しておこう。

Henry has arrived.

においては、主語 Henry が題目でもある場合が比較的多かろうが、いつもそうとは限らず、要するにこの文面だけからは何とも言えないことになる。日本語では助詞などの使い分けで、区別を文面に表す。

問　偏理ハ、ドウシタ？

——到着シマシタ。（略題）

問　ダレガ到着シタ（ンダ）？

——偏理ハ、到着シマシタ。（顕題）

——偏理ガ到着シタンデス。（陰題）

問　何カにゅうすハナイカ？

——偏理ガ到着シマシタ。（無題）

陰題の文は、語順をさかさにして顕題の文に直すことができる。

到着シタノハ、偏理デス。（顕題）[31]

ここで三上の考えをまとめてみる。上記の四つの類型を三上は「排他、対比、不問」という一種の強度の段階論として定義しているのである。強度の最も強いのが「排他」、最も弱いのが「不問」、その中間に「対比」がくる。三上の規定を理解するポイントは二つある。第一に、三上の設けた枠の中では、「排他」は格助詞のガの与える性質であること。第二に、ハの与える「対比」には、こう言ってよければ、「はっきりと感じられる対比」と、「ほとんど感じられないほどの対比」があるのだが、別の本の中で、前者を「X以外との対比」、後者を「X以外を不問に付すること」というふうに表現している。(32)

以上の三上におけるハの定義においてポイントになるのは、彼のいう「陰題」のケースをどのように規定するかにあると言っていいだろう。三上は次のように言っている。

主格型の主格が限定された名詞で〝ハ〟を伴わないと、排他的になりやすい。すなわち陰題になりやすい。

私が田中です。(=田中は、私です)

君がそう言った。(=そう言ったのは、君だ)

彼が英語を話します。(英語を話すのは、彼です)(33)

この三上の規定でいくと、ハは陰題のケースを除くと、上記の二種類の「対比」によって説明されている。しかし、実をいえば、陰題の場合にも、ハはあくまでも対比によって説明されているのである。「陰題」を「排他的」であると言っているのは、正確に言い換えると、ハである限り対比には違いないのだが、ただし、ハが顕在のガの陰に隠れているような形であるという限りで、「顕題のハ」や「略題のハ」と比較したら、半ば格助詞のガの「排他」の性質を帯びたように感じられるということ、そのことを言っているに過ぎないのである。つまり、三上は、終始一貫、ハの対比、ガの排他という根本的な差異に基づいてハの規定を行っているのである。[34]

さて、ここで、もう一度、寺村の第七章のタイトルを思い起こしておこう。「取り立て――係りと結びのムード」である。しかし、この「係りと結びのムード」なるものを語るのに、「取り立て」概念をもってする寺村の歩みは、三上の歩みと何と隔たっていることか。三上は、係助詞のリストからわざわざ「ハとモ」を切り離して、「ハ」の本務を陳述との関係において捉えようとして、陳述度[35]という概念を導入し、係助詞「は」の構文上の働きを究明しようとした文法学者であった。そこにこそ、おそらく、三上は最も重要な目標を定めていたのである。だからこそ三上は、陳述に勢力を及ぼす「ハ」の構文論的職能（機能、役割）を「ハの本務」と呼んだのだと思う。逆の言い方をすれば、彼の企図の中では、「ハの兼務」を語るためにのみ「取り立て」概念を援用するに留めたということになる。ところが、寺村は逆方向に三上の乗り越えを狙ったように思われる。三上が「Xハの両面」として、兼務と本務の二つに分離して「Xハ」の文法的定義に迫ったのに対して、寺村は三上のいう「兼務」の方をヒラルキーの上位に位置づけたのである。それればかりか、一文の中にハが複数現れる（「ハの重出」）の際の「第二位以下のハ」[36]と「第一のハ（第一位のハ）」の序列さえも転倒させる方向に進んだのである。そのことを次の寺村のことばが端的に物語っている。

本書では、「ハ」の、文中のある要素をとくに際立たせ、ある対比的効果を生じさせる働きを基本と見、それがある条件下で、対比の相手である影の存在が意識されず、単にそこに聞き手の注意をとくに惹きつけて、あとの陳述と結びつけるだけの場合を、「（単なる）主題」を表わすものとする。[37]

寺村の示した方向に大きな可能性を探る試みが最近とみに盛んなようであるが（「取り立て」は一種の流行語にさえなっている）、外国人のための日本語文法の観点からしたら、三上に対して決して前進しているようには思われないのである。外国人にとって、最近流行の「取り立て」論が有効であるという保証はない。その有効性について強い疑問を抱いているということを付言しておきたい。

代案

さてそれでは最後に、三上理論からの一歩前進の方向だけでも示唆しておきたい。三上が投げかけている次の未解決な問題(1)「提題の助詞が〝ハ〟一つに限らないこと」[38]、それと、(2)「〝ハ〟の重出」[39]という問題はいまだに解決されていないだろうし、今後も長きにわたって解決法を探るべきものである。

私の妄念とも呼ぶべき前提は以下の二点である。第一に、日本語を学ぶ外国人にとって「主題」あるいは「題目」という概念は有効ではないと私は考える。その理由としては、この概念が主語廃止論という枠組みにあまりにも強く方向づけられており、あまりにも論戦的な概念だと思うからである。「トピック(主題)」という用語をアメリカの言語学者ブロックが、「テーム(主題)」という用語をスイスの言語学者バイイが発案したとはいっても、それを日本語の独自性顕揚のための後ろ盾に利用するのは危険だと私は思う。むしろ、この用語を使わないでどこまで日本語文法を語りうるかということの方に私は関心がある。三上が「主語廃止論」によって「Xガ」は主語ではなく主格補語であるということを納得させた功績は偉大だとは思うが、格助詞ガを主格補語の助詞(格助詞)、ヲを対格補語の助詞(格助詞)と呼んでおきながら、なぜ係助詞のハを「主題のハ」というふうに呼ばなければならないのか理由が分からない。なぜ本務と兼務の二つの次元を持つ「係助詞のハ」というふうに呼べないのだろうか。

カテゴリーを問題にする時の助詞の名称（係助詞、格助詞など）と構文上の機能（職能）を問題にする時の助詞の名称とをもっと厳密に区別して用いて欲しいものである。さもないと、日本人（助詞の用法を、文法的に説明はできなくても、その用法は知っている人間）にとっては問題が起きないかもしれないが、外国人にとっては大きな混乱の原因になるのである。

もっとも、日本語文法について語ったフランスの文法学者の場合ならそうした気持ちは分からないでもない。係助詞が（国際性をもった）公用語ではなかった（いまもない）からである。格助詞の場合には、フランス語でそれに対応した表現（particule casuelle）を使用できる。もともと格助詞が西洋語からの翻訳語だったのだから、それを逆に翻訳しただけのことで済む。しかし、だからこそ、格助詞に対する用語として係助詞なり副助詞という用語をそのまま用いればいいと思うのである（接続助詞や終助詞、間投助詞という表現に関しては、概念上はさほどの混乱を与えないからとりあえず考察の対象から外しておく）。私の目には、今後解決しないといけない問題は、格助詞、係助詞、副助詞についての説明を厳密にすることである。それによって、「既知と未知」の理論、「取り立て助詞」の理論、「主題の助詞」の理論が抱えているはずの本質的な難点（問題点）を回避することができると私は考えている。

「ハ」と「格助詞」との境界画定へ

あらかじめの注記

（一）三上による三上からの一歩前進を目標とする。

（二）紙幅の関係上、文章での説明を最小限に留め、なるべく図示だけで代案を示すことにする。私の日本語教室におけるフランス人学生にとって最も難解なものの一つである「ハとガ」の境界画定（相互規定）を目標とした図である。この境界画定を、三上にならって、（係助詞の）「は」と「格助詞の全体」との境界画定という枠で行うことにする。格助詞の規定については、「第一章　格助詞について」の参照をお願いしたい。

（三）「主題（提題）」、「既知と未知」、「取り立て」という文法用語を使わない。

（四）以下の四つの弁別特徴を基に行う。

①両者の構文論的主要役割分担による境界

②両者の「係り方」の違いによる境界

③ハにおける本質的対比性／格助詞における本質的選択性＝排他性という境界

④一文内での「文脈性」のニュアンスの有無

（1）から（4）についての若干の説明

（1）この境界画定においては、まず、ハという助詞、そして、格助詞というものが、お互いに、どういう本質的な職能（文法的機能）を担っているかを説明する必要があると私は考える。簡単に言えば、双方の主要役割分担とは何かを明快に示す必要がある。前者は陳述に勢力を及ぼす点で後者とは確然と区別される。三上はこの事態を「題述の呼応」と呼んでいる。私は主題（提題）という語を用いないことにしたので、単に「文末との呼応の助詞」と呼んでおく。一方、格助詞は陳述に関与しない。格助詞の主要な役割分担は補語（主格補語、対格補語など）をつくることにあると私は考える。

（2）三上の功績の中でも際立って重要なのは、係助詞ハと格助詞との境界画定を「係り方」の違いを基に語っていることにある。いたるところで両者の係り方の違いに言及しているが、格助詞が小さくきちんと（論理的に）係るのに対して、係助詞のハは、大まかに大きく（文末まで）係るというふうに説明されている。しかし、なんといっても決定的に重要なのは、ハの係り方がすべて「虚勢的」であるという指摘[41]である。ここに三上の天才的な冴えがあると私は言いたい。一方、格助詞の「係り方」は、短くきちんとかかるのであって、山田のいうように、格助詞は「それ〴〵一定の関係を示し

図1　係助詞ハと格助詞の境界確定

	係助詞 （ハ）	格助詞 （ガ、ノ、ヲ、ニ、ヘ、デ、カラ、マデ）
（1）	文末との呼応の助詞	補語をつくる助詞
（2）	係り方:虚勢的に係る （言い切り的・心理的に係る）	実勢的に係る （論理的に係る）
（3）	（X／非Xの）対比[40]	排他＝選択
	コンテクスト性の感受 弱　（対比不問のとき） 中　（対比のとき） 強　（陰題のとき）	コンテクスト性の感受 無　（無題のとき） 有　（陰題のとき）

て他に融通がきかぬ[42]」性質がある。それを論理的に係る性質と言い換えることも可能である。三上も時枝誠記や山田孝雄同様に、係助詞に対する格助詞の本質的な特徴を、その「論理的関係」という点に認めている。[43]この格助詞における「論理的な」係り方に対して、係助詞ハの係り方は、三上の言うように、「心理的な」係り方であると言える。

（3）大野が既知と未知という基準でハとガを区別しているが、この区別は、一文だけを単独にながめた場合にという限定を設けて言ってのことだが、既知と未知という概念を用いるまでもなく、コンテクスト性を感じさせるか否かを基準にすれば同じ弁別化が可能になると私は信ずる。三上が主題／無題の対立図式で考えていたことが、ほぼ大野の既知／未知の対立図式で考えていたことに対応するが、どちらの用語法も不可欠なわけではなく、コンテクスト性の喚起の有無によって同じ程度の弁別が可能であると私は考える。既知／未知の二項対立によるハ／ガの区分に対して、三上は陰題のケースを加えることによって、弁別化の精度を著しく高めている。陰題の文においてはガの排他性がはっきり感じられるが、いわゆる無題の文においては、排他性が（ほとんど）感じられない。三上の「排他、対比、不問」という基準は、ある意味では、文脈性を喚起させるかどうかの差異に対応しているのである。一文だけを単独の形でながめた場合には、コンテクスト性を感受できるかどうかを基準に考えた方が、既知／未知の基準によるよりもはるかに正確にハとガ（あるいは、ハと全ての格助詞）の差異を語りうるように思われる。しかも、フランス人学生が何の困難もなく、日本人のように、差異を感受できるのである。ところが、「既知／未知」の基準について同じことを期待しても、しょせんは失望するだけである。有効な基準にはなりえないからだと私は推測している。

図による代案

『象は鼻が長い』の中に次のような図[44]（図2）がある。

私は、ここで、図示をハとガの間にだけではなく、ハと格助詞の全体との間にある関係にまで敷衍させることにする。ところで、以下に示す図（図3）の最大の欠点は、「ハの本務」について何も図示できていないことである。それはいつか別図として別の機会に提示したいと思っている。三上の「陳述度」についての図示ということになるだろう。

ハとガの重なり合いだけに限らず、ハと他の格助詞との全ての重なり合いもあるのであり、その上、ガとノの重なり合い[45]、ガとヲの重なり合い[46]もあるので、図はかなり複雑なものになる。真ん中の大きな楕円形がハに当たり、他の格助詞との重なりの部分がハの兼務の部分であり、残りの部分をハの本務の部分であると見なしていただきたい。この図では本務については何も示すことができない。兼務の図示ができるだけである。

この亀（ジョルジェットと名づけておく）の甲羅に当たる部分がハの領分である。頭の部分がガである。頭から順に番号を振って、1＝ガ、2＝ノ、3＝ヲ、4＝ニ、5＝デ、6＝その他の格助詞（ヘ、カラ、マデ[47]）とする。

図２　三上章作成の図

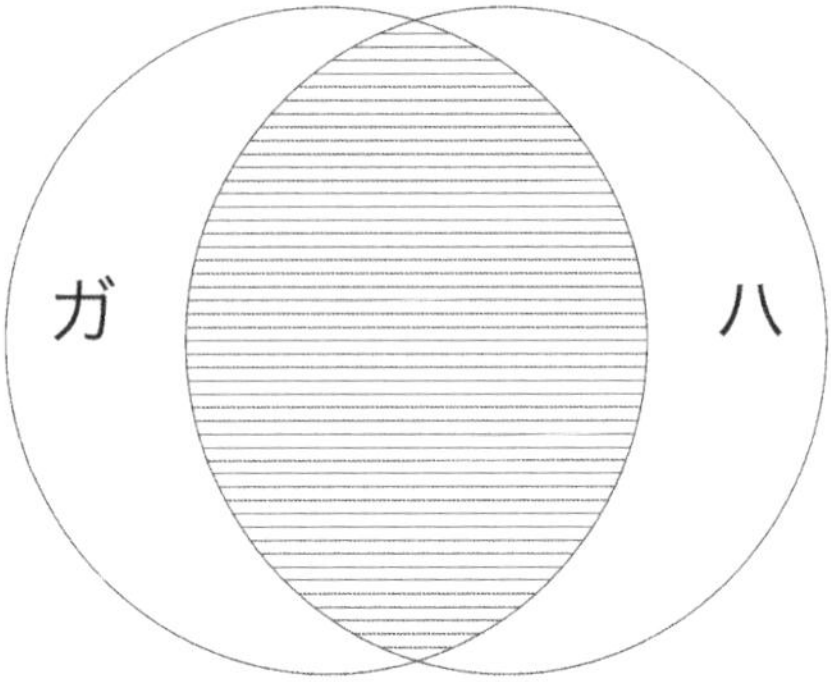

右の円が「Xハ」で、左の三日月が現在の「Xガ」です。横線の部分は「Xガ」を代行する「Xハ」です。あるいは「Xハ」のかげに潜在している「Xガ」だと言っても同じことです。題目と主格とは重なり合う部分も起こる概念です。も起こるどころではなく、題目は、主格のそれがおそらく過半数を占めるでしょう。

図３　筆者作成の図

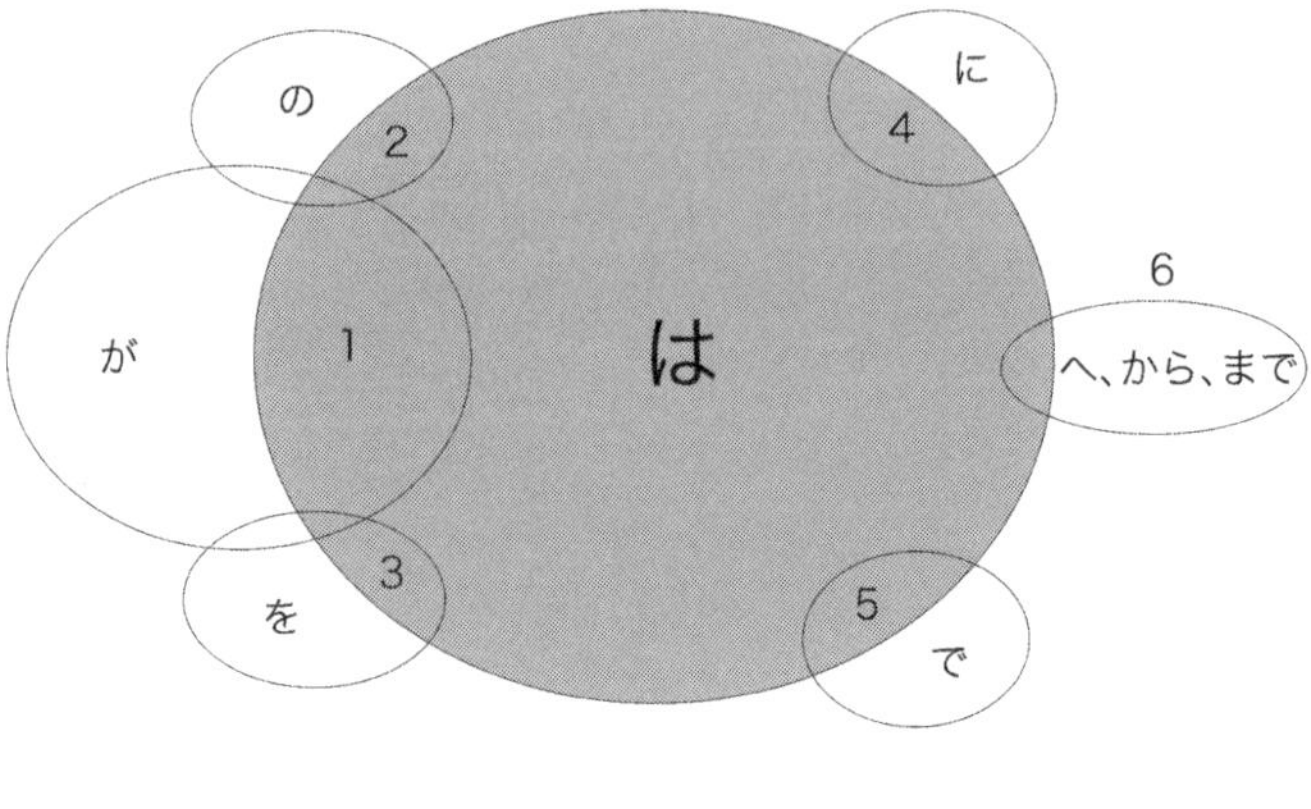

図4　ハの兼務

	例　文	コト的内容
1	幸子ハ日本人だ。 父ハ時計を買ってくれた。	幸子**ガ**日本人であるコト 父**ガ**時計を買ってくれたコト
2	象ハ鼻が長い。 幸子ハ目が黒い。	象**ノ**鼻が長いコト 幸子**ノ**目が黒いコト
3	この本ハ母が買ってくれた。 ミラボー橋ハ歩いて渡る。	この本**ヲ**母が買ってくれたコト ミラボー橋**ヲ**歩いて渡るコト
4	日本ハ(ニハ)温泉が多い。 この車ハ(ニハ)欠陥がある。	日本**ニ**温泉が多いコト この車**ニ**欠陥があるコト
5	この温泉ハ(デハ)石鹸が使えない。 南国ハ(デハ)木の成長が早い。	この温泉**デ**石鹸が使えないコト 南国**デ**木の成長が早いコト
6	学校**ヘ**ハ電車で行く。 新宿駅**カラ**ハ歩いて帰る。 大阪**マデ**ハ新幹線で行く。	学校**ヘ**電車で行くコト 新宿駅**カラ**歩いて帰るコト 大阪**マデ**新幹線で行くコト

以下、1から5までの、三上のいう「ハの兼務」の例文を列挙する（図4）。

注意（1）ごく短い文に限ることにする。

注意（2）4と5に関しては、ハが顕在の場合と潜在の場合の二つのケースがある。

以上が、三上による三上からの一歩前進のための代案である。しかし、三上の「ハの本務」について語らない限り、代案とは呼べない。この欠落を埋めるべく、次章では、三上と大野の「係り結び」概念の差異について検討してみたい。三上から宣長へと遡行する第一歩をなすものである。

注

（1）柄谷行人『〈戦前〉の思考』講談社学術文庫、二〇〇一年、一六〇頁。
（2）渡辺吉鎔、鈴木孝夫『朝鮮語のすすめ——日本語からの視点』講談社現代新書、一九八一年、四頁。
（3）三上章『続・現代語法序説』（新装版）くろしお出版、一九九四年、一三三頁参照。
（4）一九四二年の時点で「主語」が日本文法から消えると本気で信じていた三上は、一九五九年一〇月一五日という日付が付された『続・現代語法序説』（初版）の末尾でこう言っている「日本文法から『主語』や『主述関係』がやがて姿を消すだろうことに、わたしは全然疑いを持っていないが、やがては早ければ早いほどよろしい」（前掲書、二二〇頁）。
（5）三上の「場所格」の説明やアスペクトの説明には賛同できない箇所が多々ある。いつか説明する機会を持ちたいと思っている。
（6）したがってまた、それと相関関係にある助詞のカテゴリー化（下位分類）に対してもいささか不満がある。次章で語るが、三上における係助詞と副助詞との相互規定はかなり曖昧である。用語法にも揺れ動きがあって一貫していない。
（7）三上自身次のように言っている「日本文法のかなめは助詞である。助詞は格助詞と副助詞とが代表である」（『文法小論集』（新装版）くろしお出版、二〇〇二年、一一頁）。
（8）服部四郎・川本茂男・柴田武編『日本の言語学』第三巻、大修館書店、一九七八年、五七九頁。
（9）三上章『文法小論集』前掲書、七七頁。
（10）『象は鼻が長い』（くろしお出版、一九六〇年）と『日本語の論理——ハとガ』（くろしお出版、一九六三年）の二著の中にある（ここでは二〇〇二年の新装版の頁を示す）。『象は鼻が長い』では、「題述の呼応というのは、すべて虚勢的な関係です」（四三頁）、「ガノニヲの係りは小さい代わりに実質的です。むしろ、実質的だから小さいのでしょう。『ハ』の係りが大きくて虚勢的なのも、そうあるべきことでしょう。短い文では目立ちませんが、長い文になると、題述の呼応が虚勢的であることが目についてきます」（一一〇頁）、「係助詞　心理的（虚）　大きく係る　／　格助詞　論理的（実）　小さく係る」（一一五頁）。次に『日本語の論理』では、「実質的な意味はすべてかげのガノニヲが受け持つのであり、ハは支配の範囲だけを示すものである。ハはいわば空虚な勢力を表わしている。この虚実、大小の関係をよく承知しておかなければならない。この区別に立脚しないと、簡単な文例さえほんとうには説明できない」（九二―九三頁）。

(11)『象は鼻が長い』前掲書、八頁。

(12)朝鮮語では、日本語の「Xハ」に当たるものが「는《ヌン》」または「은《ウン》」であり、「主題（thème）」という用語であり、「Xガ」に当たる「이《イ》」または「가《ガ》」が「主語（sujet）」とされていた（いる）。

(13)三上章『構文の研究』くろしお出版、二〇〇二年、六五―八五頁などを参照。

(14)『象は鼻が長い』前掲書、一〇五頁。

(15)同右、一〇五頁。

(16)三上の「既知と未知」理論に関しては以下の二カ所を読めば十分だろう。『構文の研究』前掲書、六六頁、『日本語の論理』前掲書、一〇六―一〇八頁。

(17)大野晋『日本語の文法を考える』岩波新書、一九七八年、二一三頁。

(18)大野晋『係り結びの研究』岩波書店、一九九三年。

(19)用語使用は以下の通りである。『続・現代語法序説』前掲書の八八頁に、「名詞のピック・アップ」、「題目を取出し引上げ（提示）」とあり、二二〇頁に、「題目として取り立てられている」とある。『構文の研究』の六九頁に、取り立てる（提題する）、取り立て、『象は鼻が長い』の二三頁に、取り立てる（二回）、五六頁に、題目の取り立て、五八頁に、題目として取り立てる、『日本語の論理』の一二一頁に、提示（取り立て）、最後の『文法教育の革新』の一五五頁に、「何々の」取り立て（二回）、傍線の箇所を題に仕立てて文頭へ持ち出す、とあり、一五五頁に、とりたての主語、とりたての補語とある。

（20）『続・現代語法序説』前掲書、八八―八九頁。

（21）『象は鼻が長い』前掲書、五六頁。

（22）寺村秀夫『日本語のシンタクスと意味Ⅰ』くろしお出版、一九八二年、二九頁。

（23）寺村秀夫『日本語のシンタクスと意味Ⅲ』くろしお出版、一九九一年、一三頁。

（24）『日本語のシンタクスと意味Ⅰ』前掲書、二九頁。

（25）本書、二九頁参照。

（26）山田は、『日本文法學概論』の有名な一節の冒頭でこう言っている「『は』はその意排他的にして事物を判然と指定し、他と混乱するを防ぐに用ゐらる。」（服部四郎・川本茂男・柴田武編『日本の言語学』第三巻、文法Ⅰ、大修館書店、一九七八年、五七五頁）。

（27）『日本語の論理』前掲書、一九六―一九七頁。

（28）『日本語のシンタクスと意味Ⅰ』前掲書、二九頁。

（29）三上は、やむをえない事情から、「取り立ての主語」（主題ではなく）ということばを使っているが、その説明を以下のように述べている。「Xガ、Xヲ、Xニなどをただの主語、ただの補語と言うのに対して、Xハ（またはモ）、Xニハ、Xカラハなどをとりたての主語、とりたての補語と呼んで区別したいと思います。一そう重要なのは、とりたての主語、補語です。『主題』という用語は延期です。談話や文章の主題と混同するのはかまわない（結局同じ概念）ですが、文（センテンス）の主語と主題が煩わしくなりそうですから」（『文法教育の革新』［新装版］くろしお出版、二〇〇二年、一五五―一五六頁）。

(30)『日本語のシンタクスと意味Ⅲ』前掲書、一二頁。
(31)『続・現代語法序説』前掲書、一〇三―一〇四頁。
(32)『構文の研究』前掲書、七七頁。
(33)『文法小論集』前掲書、五一―五二頁。
(34) 実を言えば、ここから、なぜ三上が「取り立て」をハとモに限定したのか、たとえば、なぜコソやダケをその中に入れなかったのかという推測が可能になる。三上が根本的なものとみなした基準が格助詞の「排他」とハの「対比」という差異にあったからに違いない。三上は、おそらく、係助詞という同一カテゴリー内における差異として、たとえば、ハとコソを区別していたと思われる。ハには「対比」ないしは「対比不問」の二つの強度しかないが、コソはもっと強度の高いものであると見なされていただろうし、この点では、コソはハによりも格助詞あるいは副助詞の「ダケ、バカリ」に近いものとして理解されていたはずである。
(35) 三上章『現代語法序説』(新装版) くろしお出版、二〇〇三年、一八一―一九四頁参照。
(36) 三上は第一のハと第二以下のハとについて次のように言っている。「一つの文に〝ハ〟が2回、ときには3回も出ることがある。第1の〝ハ〟は主題らしい主題で、その勢力は文末に及び、さらにピリオドを越えようとする。第2位以下の〝ハ〟はいわば副題 (sub-topic) で、その勢力もやや弱く、対比、逆説、否定を表わすことが多い」(『文法小論集』前掲書、六三頁)。
(37)『日本語のシンタクスと意味Ⅲ』前掲書、四一頁。
(38)『文法小論集』前掲書、六二頁。
(39) 同右、六三頁。
(40) 係助詞ハの対比/格助詞 (の全体) の排他=選択の区別が私の代案の最も根本的な基準で

ある。三上よりも徹底しているだろう。私は、対比と対比の不問を根本的には区別しない立場をとる。それらは対比の二つの様相であり、やはり対比であることには変わりないからである。対比を以下のように定義しておく「対比とは、つねにX／非X（すなわちXと非Xとの間の対比）である」。排他のガ（あるいは他の格助詞）の排他にも排他の際立ったケースと、目立たない排他（排他不問）とがあると言いうるのである。結局はハの場合も格助詞の場合も目立った対比、目立った排他と目立たない対比、目立たない排他という二種類があるのであり、これがいわば同じ「対比」、同じ「排他」の二種類（二段階）をなすのである、構造的には両者の差は、「対比」対「排他」の関係にある。

（41）まず、『象は鼻が長い』から二カ所。「題述の呼応というのは、すべて虚勢的な関係です」（四三頁）、「ガノニヲの係りは小さい代わりに実質的です。むしろ、実質的だから小さいのでしょう。『ハ』の係りが大きくて虚勢的なのも、そうあるべきことでしょう。短い文では目だちませんが、長い文になると、題述の呼応が虚勢的であることが目についてきます」（一一〇頁）。次に、『日本語の論理』にはこうある「実質的な意味はすべてかげのガノニヲが受持つのであり、ハは支配の範囲だけを示すものである。ハはいわば空虚な勢力を表わしている。この虚実、大小の関係をよく承知しておかなければならない。この区別に立脚しないと、簡単な文例さえほんとうには説明できない」（九二―九三頁）。

（42）服部四郎・川本茂男・柴田武編『日本の言語学』第四巻、文法Ⅱ、大修館書店、一九七九年、四五九頁。

（43）時枝誠記『日本文法　口語篇』岩波全書、一九八三年、一八六頁参照。

（44）一一六頁。

（45）「君ガ黒髪」／「君ノ黒髪」、「母ガ買った本」／「母ノ買った本」など。

（46）「水ガ飲みたい」／「水ヲ飲みたい」、「英語ガ話せる」／「英語ヲ話せる」など。

(47) 私は、第一章で語ったように、格助詞の最も根本的な独自性を「空間性(形象性)を喚起させる」という点に見ているので、マデは格助詞の中に分類されるべきであると考える。副助詞としてのマデの方が、格助詞のマデの一種のヴァリアントであると考えている。

第4章

テニヲハの中で占めるハの位置

テニヲハないしテニハという語の起源が、漢文訓読のヲコト点に由来するのは周知のことである。ただし、おびただしい数の訓点語関係論文[1]があり、テニヲハの歴史を通覧するのは容易でない。便宜上、山田孝雄の簡潔な説明を借用することにする。

この点はもと漢字の四声を示す為にその字の四隅に施した点即ち所謂声点から考へついたものであろうが、それのさし方にはそれぞれ家々に家伝があって秘密にして、門外漢には容易に伝へなかったものの如くである。しかし、その最も広く行われたものは

ヲ○　○ハ　　ヲ○　○ハ
　　見　　　　　花
ニ○　○テ　　ニ○　○テ

の如き方式のものであって、その点の位置によって「見テ」とか「花ヲ」とかのように、その漢字に助詞複語尾などを加へてよんだものである。これが「テニヲハ」という語の起源であるが、今でも漢文をよむべく仮名や返り点などをつける事を訓点をつけるといふのも実際かやうに訓の点をつけたことから生じた語であるのである。[2]

テニヲハに関してとりあえず言えることは、日本文法論の形成に貢献した先人たちが、本居

宣長（一七三〇―一八〇一）、富士谷成章（一七三八―七九）、鈴木朖（一七六四―一八三七）などのテニヲハ考から大きなインパクトを受けたということである。しかし、テニヲハ考が依然として今日的課題であるということを認識させてくれる言語学者あるいは思想家はことのほか少ない。そして、その筆頭に三上章（一九〇三―七一）と柄谷行人がいると私は見ている。本居宣長が打ち立てたと言っていい近代のテニヲハ考をその可能性の中心において捉え返そうとしていると思わせるのは三上章と柄谷行人の二人である、と言っておこう。この主張が、本書の最後まで一貫して堅持されるであろうことも。

私の見方をはじめから表明しておこう。本居宣長から三上章にいたる日本語文法の歴史において、助詞「は」の定義に向けての生産的な省察を展開してきた言語学者、それは、こう言ってよければ、山田孝雄が宣長の影響下で命名分類した「係助詞」(口語では、ハ、モ、コソ、サエ、デモ、ホカ、シカ等[3])の総体に対して、ハとモ／それ以外というふうに、下位区分を設けている人々であると私は考える。つまり、三上章が自分をその系譜につながると見なしている人々、本居宣長、富士谷成章、松下大三郎（一八七八―一九三五）、佐久間鼎（一八八八―一九七〇）、三尾砂（一九〇三―一九八九）、そして三上章といった人々である。他に加えるべき人もいるだろうとは思うが、とりあえずこの六人に限定して差し支えないだろう。彼らは、いわば、テニヲハの中でハとモ、とりわけハの特異性に注目した人々であった。

ところで、近代のテニヲハ考において中心的位置を占めるのが宣長であることを考えると、宣長研究者がこの問題をどのように受け止めてきたのかということが当然気にかかる。最近の例では、宣長の（いわゆる）係り結び研究を扱っている研究者に菅野覚明氏がいる。まさに宣長の「文法論」を主要テーマに掲げた『本居宣長』（一九九一年）の中で氏はこう述べている。

宣長の語学説は、国語学史の中ではきわめて高く評価されている。しかし、宣長の思想との関係においてその内容や意義を論じた研究はほとんどない。[4]

著者はその理由を述べてはいるのだが、[5]理由がどうであれ、宣長の係り結び研究と宣長の思想との関係を知りたいと思っている私には遺憾な事態である。当然、私は菅野氏に期待を託して読んでみた。たしかに多くのものを学ばせていただいたが、失望も隠せなかった。書かれている内容に対してというよりも氏の構えに対してである。菅野氏による宣長の「文法論」においては、時枝誠記と山田孝雄の、しかも文法論ならぬ国語学史への若干の言及があるのみだからである。菅野氏は、山田による宣長絶賛として知られる箇所などを引用しつつ、「もっとも、その専門的内容にかかわる議論は、本書のよく扱いうるところではない。[6]」というように逃げ腰なのである。しかし、引用されている山田孝雄の『国語学史』（一九四三年）、時枝誠記の『国語学史』（一九四〇年）の時代からすでに半世紀以上も時が経過しているのである。だいいち、堂々たる宣長論の著者の菅野氏を尻込みさせるほど、時枝や山田がそんなに高度に専門的なことを語っているだろうか。私にはむしろ彼らの理論的限界の方が気になるほどである。だから、はぐらかされたという思いを禁ずることができなかった。ただし、これが日本の現状というものなのだろう。文法学者は文法学者として、宣長研究家は宣長研究家として、平行線を描きながら宣長の語学説が語られてきたということなのだろう。そのことを考えると、大野晋や三上章による、あるいはまた、柄谷行人の「文字論」における、宣長への言及が貴重なものに思えてくる。

私の知る限り、宣長の言語説を「宣長の思想との関係において」本格的に論じる端緒を切ったのは柄谷行人であった。それなりの理由があったはずである。いずれじっくり語ることにするが、この端緒を切るには、いわばベネディクト・アンダーソン以後とでもいうべき視点(7)が必要であっただろうと思われる。そして、このような視点こそが、たとえば加川恭子氏がその秀逸な論考「文法の発見」の中で言及しているような倒錯（「近代の国語学者は、漢文訓読という実践の結果でしかない書き分けを、それ自体で存在する区分に基づくものと見なす倒錯に陥っている(8)」）について論ずることを可能にしてくれるに違いない。こう言ってよければ、宣長の語学説を語ることはすぐれて今日的課題なのである。

さて、「係り結び」のもつ文法論的意義を周到に語ってみせたのは、山田孝雄以降においては、『係り結びの研究』の著者の大野晋である。手始めに著者の基本的視点を簡略に紹介しておこう。

大野は、係り結びの研究において逸することのできない先行の研究を五つ挙げている。中世近世の学者、本居宣長、山田孝雄、石田春昭（コソの研究家）、松下大三郎（ハの理論家）の研究である。大野の論述は明快であり、国語学史的にも文法理論的にも実に見事な手腕をもってこれらの研究を通覧してみせている。「ゾの係り結びの衰退」の章[9]などは絶品である。ところで、彼の基本的な見方は次のように表現されている。

係り結びという事象は、奈良時代においては極めて顕著であるが、平安時代になると少しずつではあるが変化が進行し、室町時代になるとハなど一部を除いては古典語が持っていた体系としては全体として消滅した。[10]

このように大野は、古典的な意味における係り結び、すなわち、助詞「ぞ」「なむ」「や」「か」が文中にある場合には、その文は、文末の活用語が連体形で終止し、助詞「こそ」がある場合には、已然形で終止するという現象が室町時代に崩壊したという見方を前提にした上で、それと同時に、「係り結びは亡びてどうなったのか[11]」という現代における問いを、「日本語の古典語だけの特殊な事象と見られてきた係り結びが、現代にいかなる形で生きているか[12]」というふうに定位している。

ところで、大野の視点は、『本居宣長全集』第五巻（の『詞の玉緒』）の「解題」（一九七〇年）の時期から一貫していただろうと思われるが、宣長については次のように言われていた。

では、宣長は何故係り結びの調査を遂行したか。私見によれば、宣長は、古文と宣長当時の言語との最大の相違点を、古文における係り結びの存在、宣長当時の言語における係り結びの不存在に見たのである。[13]

例えば、ほぼ同じ内容のことを渡辺実も『日本語史要説』の「係り結びの消滅」という章[14]の中で述べていることからして、大野の見方は一種の公認の見解と呼びうるものだと思われるが、渡辺もまた大野と同種の問いを次のように立てている。

そもそも「係り結び」とは、何であったのか。「係り結び」を必要としたものは、「係り結び」が消滅したことによって共に姿を消したのか、それとも「係り結び」に替る他の言語形式を得て、今に活きているのであろうか。(15)

たしかに、大野や渡辺の言うように、厳密に古典的な意味での係り結びがほぼ全面的に消滅したことは疑いない。その意味では、彼らの現代的問いの定位の仕方も自然であるように思える。ただし、別の見方がないとまでは言えない。ここで私は三上章による宣長継承の仕方に注目してみたい。三上による文法論への宣長の取り入れ方が、大野晋や渡辺実のそれと比べてかなり特異(異質)なものであるように思えるからである。三上は、あたかも係り結びの衰退・消滅を認めていないかのように議論を展開しているように思えるのである。

三上章は、仮に「は」の定義を十全な形でなし終えたとしたら、その場合には、日本語文法の難問はほぼ解決したと見なしてもいい、それほどまで助詞「は」の定義は枢要であり、かつ難しいのだ、と言っている。この言明には、おそらく、テニヲハ考にはいまだに決着がついていないのだ、という含みが込められているだろう。

「は」の位置づけ——山田孝雄と三上章

前章で私は、三上における「ハと格助詞との境界画定」の試みを検討した。本章では、その暫定的な締めくくりとして、三上が、テニヲハの全体の中で占めるハの位置をどのように定めようとしているかに注目してみたい。限られた紙面で行う便法として、山田孝雄、大野晋との比較という形で語ることにする。この比較を次の三つの問いに答える形で行ってみたい。(1)三上は、「は」を係助詞とも副助詞とも呼んでおり呼称に一貫性を欠くのはなぜか。(2)宣長が『てにをは紐鏡』[16]『詞の玉緒』(の「三転証歌[17]」)の中で、「は、も、徒」を「右ノ行」に置いたのはなぜか。(3)三上による「は」の定義は、いかなる意味で宣長につながるものであるか。それでは手始めに、三上による「は」の説明を二つ引用しておこう。

係助詞「ハ」の文法的性質が明らかにされたら日本文法はだいたい完成である、と言っても言いすぎではないほどこの問題は難しい。「ハ」の種類、意味、係りとしての勢力など問題が多方面にわたって錯綜し複雑をきわめる。本節でもきわめて不十分な見解を述べることしかできない[18]。

日本文法のかなめは助詞である。助詞は格助詞と副助詞とが代表である。まず副助詞〝は〟と格助詞〝が〟、〝を〟などとの係り方の相違にふれ、次に〝は〟とわかれて、〝が〟、〝を〟などの係り方の問題点に光を当ててみよう。[19]

三上のこれら二つの引用から以下のことが指摘（推測）できる。

（一）「は」の呼称に一貫性がないのは、おそらく、三上が助詞「は」の問題を解決済みのものであるとは見なしていないということを意味するだろう。むしろ、未解決の難問が控えていることをはっきりと自覚していることの現れだと思う。助詞「は」の定義に向かう彼の姿勢には徹底したものがある。この点で、現代の多くの文法学者と一線を画しているという印象を私は強く抱いている。「第一のハ」を主題のハ（係助詞のハ）、「第二のハ」を対比のハ（副助詞のハ）というふうに規定して、「は」に二元的定義を与えることで「は」の定義という難問中の難問を一刀両断に解決させてしまう文法学者があふれている中で、三上はあくまでも総体における「は」の定義可能性を求め続けた文法学者だったのである。

（二）三上は、助詞「は」の定義の試みにおいて、山田孝雄の助詞の分類に近い立場をとりながらも、山田に一線を画しているに違いない。三上が「は」を、ときには係助詞、ときには副助詞と呼んでいるのは、山田による助詞の分類に何らかの不満を抱いていたからだと思うのである。それにまた、その不満は、いわば原則上の不満でもあっただろうと思われる。品詞分類としての「は」の位置決定（認定）なるものは、原則上、「は」の構文的職能をあらかじめ吟味した後に与えられるべきものである、という考えが三上にはあったに違いない。ちょうど渡辺実が「構文的職能」について次のように語っているときに言わんとしている意味において。

構文的職能は内面的意義に託されるものであって「単語」の持つものでなく、或いは「形式」の認定がすんで後に職能の吟味が可能となるのではなく、むしろ「単語」や「形式」の認定に先行して構文的職能の研究は行なわれるべきであって、単語や形式の認定そのものも実は、そのような意味での構文的職能を考えに入れることによって可能となるのではないか。[20]

「は」の定義を徹底的に模索する三上は、格助詞／係助詞／副助詞の三元的境界画定を試みた山田孝雄の歴史的な功績に対して大きな敬意を表しながらも、山田の助詞の分類に何らかの不満を抱いていたのだとすれば、それは、山田の格助詞と副助詞の規定に対する不満というよりも、主として係助詞の規定に対してであっただろう。

宣長継承——山田孝雄と三上章

三上による宣長への言及数は決して多くはない。にもかかわらず、宣長からきわめて重要なものを継承していることは間違いない。三上における宣長継承を綿密に語るためには多くの紙幅が必要だが、ここでは山田孝雄との対比を通していくつかのポイントを押えておこう。まずは、三上が宣長へあからさまに言及している引用から始める。

係り結びの中で最も重要なのは題目（**thème**）と解説（**propos**）との対立である。これはいわゆる主語と述語の関係とは全く別個の概念である。西洋のセンテンスが主語＋述語を骨子とするのに対して、その代りに、こちらは題目—解説を文法形式として持つ、というふうに別々なのである。だから「主語」は、西洋文法から誤り伝えられない限り日本人が発明しそうにない概念であるが、題目は、本居宣長が「ハ」と「モ」を係助詞と認めたことから自然に導かれるはずの概念である。(21)

この引用から、三上が宣長の『詞の玉緒』の何に注目したかは明らかである。山田同様に、そして山田の仕事を考慮しつつ、「ハ」と「モ」を宣長が「係助詞」の中に加えたという事実にまずは注目しているのである。しかし、もっと正確に言うと、三上は、一方では、「ハとモ」を「題」「題目」「提題」あるいは「主題」の概念で押えるという点で松下大三郎と（彼が四十歳頃に弟子入りした師の）佐久間鼎の理論を継承し、その理論と、宣長の「係り結びの研究」から得られた着想（直感）とを合体させているのである。山田と三上は、時を隔てて、同じ言語事象に注目したと言えるのだが、両者における「ハ（とモ）」の位置づけにおける、一見したところほんのわずかの違いが、両者の助詞論に大きな隔たりをもたらす結果になるのである。次にそのことに注目してみよう。

まず、よく引用される山田の有名な一節（テエゼ）を思い出しておこう。

かくの如く考へ来てはじめて「は」という助詞は主格を示すことを本性とするものにあらずして、その本質は一定の陳述を要求するといふ点にある事の明白になるべきなり。本居宣長の「係り」といひしは実にこの意味にてありしにて「結び」と云ひしはそれに対する一定の陳述をさしたりしなり。而してかゝる性質は係助詞すべてに通ずるものなりとす。(22)

文字通り、山田は、係助詞のすべてが、係助詞「は」と共通の性質を持つものであり、その共通の性質とは、係助詞が「結び」に対して「一定の陳述を要求する」ことに存するとと主張している。そして、この山田の主張は宣長読解に直結するものでもあった。[23] 宣長の係り結び研究がもたらした国語学史上の画期的な卓見とは実に「陳述」の発見にあったのだ、という解釈（見方）を打ち出した点で後世に甚大な影響を与えることになったのは周知の通りである。しかし、だからといって、山田の宣長読解に問題がなかった訳ではない。事実、山田の理論的不整合（欠陥）は、例えば、山田の係り結び解釈に対する痛烈な批判論文である舩城俊太郎の「係結び」の中で攻撃されている。たしかに山田が、係助詞全体の包括的性質を、「は」と「も」だけの性質を基にして、強引に導き出しているのは大いに問題である。結局のところ、山田は、（陳述の発見に酔って）「係助詞」の命名・認定を急ぎすぎたのである。この点で舩城の次の批判を浴びることになったのはいたしかたないことである。

前節で引用した三つの部分により、山田孝雄の〈係り結び〉に対する考えかたは、宣長の『紐鏡』『詞の玉緒』において「は」「も」が〈係り〉とされている所以を、詮索して作り上げられていることが知られる。[24]

ところで、三上は、あからさまには舩城のように言ってはいないが、実質的にはもっと痛烈な批判を展開していただろうと思われる。しかし、それを語る前に、ここで舩城俊太郎の「係結び」の末尾に置かれた婉曲な問題提起を引用しておこう。

なお、助詞の分類について一言すると、「ぞ」「なむ」「や・か」「こそ」を〈係助詞〉として分類するのであれば、「は」「も」は、全く職能の違う助詞であるから、他の助詞に分類しなおすか、他の新しい一類の助詞を設けねばならないのは勿論である。(25)

この問題提起は、もちろん山田の係助詞の定義に対する異議申し立てとして語られたものであるが、実は、三上章は、この舩城の問題提起を終始一貫行ってきた理論家だったのである。おそらく、単にそのことが注目されてこなかっただけである。

係助詞の「陳述」という性質に着目した山田の卓見は評価しつつも、(26)三上は、山田の「係助詞」の定義に留保をもうけていた。第一に、山田が「係助詞」に下位区分（「ハ、モ」／「ゾ、ナム、ヤ・カ、コソ」）を設けていないことが不満だったのである。いや、もっと正確に言うと、山田が、他の係助詞とは職能を異にする「ハとモ」をも「係助詞」というカテゴリーの中に押し込めてしまったことを三上は問題視しているのである。

ただし、この点をどのように評価するかという問題は案外微妙である。なぜなら、舩城や三上による山田批判が、ある点では正当なものであるとしても、山田による「係助詞」の定義の仕方には大きなメリットも含まれているからである。山田の歴史的功績として高く評価されているのは、また、後世に甚大な影響を与えた（現在も与え続けている）彼の卓見とは、とりわけ係助詞／副助詞／格助詞の三元的境界画定を可能にさせる指標（規則性）の発見にあったからである。それは、これらの助詞どうしの承接関係（お互いに上に来るか下に来るかの構文的規則性[27]）の発見であった。大野晋、渡辺実、寺村秀夫、野田尚史といった日本文法界の大物がこぞって山田の歴史的遺産を発展的に継承しているという重い事実はもちろん無視しえない。

ところが、ここに一人例外がいることもまた事実なのであり、それが三上章なのである。三上は山田の承接関係による助詞の分類にほとんど言及していない。その理由は、おそらく、この山田の分類法に準拠するだけでは宣長の「係り結び研究」をその可能性の中心で読むことにはならないと考えていたからである。山田と三上の分岐点は実はここにあったのだと私は思う。

山田と三上の共通点は、宣長が係り結びに「は、も、徒《ただ》」を加えたことに大きな重要性を認めていることである。ところが、両者の宣長継承のスタイルには大きな隔たりもあったのである。山田は、係助詞、副助詞、格助詞（それに終助詞）の間の相互承接関係による助詞の分類を試みる一方、他の助詞に対する係助詞の弁別特性を「陳述」（陳述に勢力を及ぼす性質）に求めた。ところが、山田のやり方では、「陳述」（の概念）が、助詞の「分類法」に奉仕するだけにとどまってしまうという（もちろん、先駆者としての山田にそれ以上のものを、事後的に勝手に、要求するのは酷というものだが）弱点（大きな限界）を抱えてもいたのである。山田による助詞の分類をじっくりと検討する時間のあった三上の姿勢は山田の姿勢とはかなり異質である。それでは、どこが違うのであろうか。それを知るには、三上にあって山田にないものは何かに注目するだけで十分である。それは、「ハとモ」、それと他の係助詞との間の「係り方」の差異を吟味（省察）することであった。

山田は、一方では、他の助詞との承接（上下関係）における法則性、他方では、「陳述」の有無による格助詞と係助詞、副助詞と係助詞の区分を行ってみせた。ただ、残念なことに、理論的に不徹底な面を抱えてもいたのである。そのことを、今日、三上が教えてくれる。結局のところ、山田における「陳述」と「係り」という二つの大雑把な概念に依拠する分類法ではいかにも不十分だったということである。

三上は、助詞相互間の承接関係にはさほど重要性を認めず、山田の後にやってきた理論家として、考察の主力を「係り方」の類型化の方へと差し向けたのである。三上は、「ハ」の弁別特徴を、「陳述に勢力を及ぼす」という点に認めるというよりは、その独自な「係り方」にこそあると見て、「陳述度」の理論、つまり「係り方」における「勢の段階づけ」の理論[28]の方向へと考察を差し向けたのである。それは、むろん、三上が、山田の分類法によっては語り得ないものを省察の対象にしていたことを意味するだろう。要するに、三上は、「係り方」の類型化、「陳述度」の確定という未完のプロジェクト、来るべき構文論の完成に向けて着実に歩みを進めた理論家だったのである。そして、この試みは、とりわけ「ハの本務」（コンマ越えとピリオド越え）における「係り方」、「陳述度」（活用形の係り方の勢いの度合い・強度）の確認（確定）を目標に掲げたものだったのである。

私は、第三章で、三上における「ハ」の定義において決定的に重要なものとして、虚勢的に文末にまでいたる呼応という考えがあることに言及しておいた。三上の「係り方」の類型化において際立った一類型がこれである。「ハの係り方」は、文末まで「ふわりと係る(29)」、「大きく大まかに係る(30)」あるいは「文末まで響く(31)」というふうに表現される。それに対して、格助詞の方は、「きちんと」、「論理的に」、「短く」、「実質的に」「まっすぐに」係る、あるいは「小さくキチョウメンに(32)」係るとされるのである。例えば、次のように述べられている。

実質的な意味はすべてかげのガノニヲが受持つのであり、ハは支配の範囲だけを示すものである。ハはいわば空虚な勢力を表わしている。この虚実、大小の関係をよく承知しておかなければならない。この区別に立脚しないと、簡単な文例さえほんとうには説明できない。(33)

ハと「ガノニヲ」（格助詞）を係り方の「虚実」の差、「大小」の差から捉える視点は山田には見られない。少なくとも理論的にまとまった言説としては、三上のこの見方に近いと思わせるものを山田の中に見出すことはできない。

ところで、こうした三上の視点は、実は、彼の宣長継承と深いところでつながっているのである。あからさまに語られることは少なかったが、私の見るところ、宣長を念頭においているのではないかと思わせる文はかなりの数にのぼる。また、たとえば『詞の玉緒』の第六巻の「結び」についての宣長の説明と、「徒《ただ》」という係りの不在、係りゼロの概念とを重ねてみると、三上の問題関心と驚くほど近いことが言われているという印象を受ける。ためしにここで三上を二カ所引用してみよう。

述語が一つのカナメをなし、センテンス全体がいわば一本の述部になっているのである。ヨーロッパ語のS―P構造に対して、日本語の文の特徴を述語一本建てと言い表すことができる。(34)

しかし無題の文もやはり文である。つまり、センテンスの要件は有題無題に共通な述語

である。題述の述の方である。つまり、述語の一本だてである。(35)

この二つの引用から、三上が、宣長の「は」と「徒《ただ》」を、一まとめのものとして捉えうると考えたのではないかという推測ができるように私は思う。おそらく三上は、宣長が『てにをは紐鏡』『詞の玉緒』において「は、も、徒」を一まとめにして「右ノ行」（結びが終止形である行）に置いたことにヒントを得て、「日本語の文の特徴」は「述語の一本建て」にあるという見方へと近づいていったのである。次の三上の発言を目にするとそのように思えてくるのである。

係り結びでも、係り受けでもいいですが、係りは相手（係り先、受け、結び）がなくては収まりがつきませんが、相手に見立てられた方は、係りがなくても一本立ちできる、というのが日本語の大法則です。本居宣長の「は、も、徒《ただ》の係り」のただ（ゼロ）は、係りがなくても、用言は勝手に終止形で結ぶということでしょう。(36)

三上の解釈によれば、宣長が、「徒《ただ》」という語（概念）を用いて示したこと、それは次のことであったのだ。つまり、宣長は、「係りを持たぬ単独な結びもある」(37)ということを三上自身にはるかに先立って述べたということであり、しかもそれが、日本語の文の最も枢要な特徴をなす

「述語の一本建て」を理解するための導きの糸でもあったのである。ここで急いで付け加えておくが、三上による宣長の「は、も、徒（係りゼロ）」の解釈は実に徹底したものであった。この点で他の追随を許さなかったとさえ思える。三上の宣長読解は現在なお孤絶したものである可能性が高い。つまり、私の印象では、三上はいまだに理解されていないのである。しかし、三上が、（宣長がそれを示唆しているように）「Xハ」（Xモも含む）を、「X徒（X＋ゼロの係り）」と同一次元にあるものと見なしている、ということに注目しさえしたら、三上の理解は今後急速に進んでいくことであろう。三上が「Xハ」を「主題（あるいは提題）」と呼んでいる時には、根本的には「Xハ」と「X徒」とをほぼ同一次元のものと見なしているのである。より正確に言えば、三上が「Xハ」、「Xニハ」などにおける「題―述」関係について語っている時には、次のことを念頭において語っているのである。

題目X wa, X niwa などは単に述語の補充的成分ではない。補充的成分を兼ねている場合が多いが、それ自身は呼応的成分で、述語と近い次元にある。(38)

もちろん、この引用の最後の部分が決定的に重要なのである。三上においては、主題（題目）とは、実は、あくまでも「述語と近い次元にある」もののことなのである。その意味では、三上が「Xハ」を「Xガ」と対比しているという一般に流布している見方をしている限り、三上に対する誤解は避けえないことになる。

(続)大野晋と三上章

大野晋の『係り結びの研究』は、宣長以前の研究をも踏まえた、とりわけ通時論的アプローチに優れた研究であり、長年の研鑽の集大成ともいうべき力作である。それだけに、テニヲハにおけるハの位置づけに関する省察においても、傾聴すべき点は多々ある。山田と三上の比較に続いて、今度は大野と三上の比較を試みることにする。論点を絞る必要から、両者における助詞「は」の規定の仕方の比較に限定する。

大野晋と三上章との間には、実質的な対話がなされなかっただけに、比較はそれほど容易ではない。大野には三上理論についていくらでも語るチャンスはあったはずだが、三上に対する言及はごく限られている。私の推測では、扱っている事象が重なりすぎていたことなどがあり、大野にすれば、自分の理論の構築にとって三上の理論が邪魔なものに思えたからであろう。それはともかくとして、大野理論の核心部に、二人が共有しているものが置かれている。松下大三郎以来の「提題」ないし「主題」の概念、「既知と未知」の二項対立がそれである。にもかかわらず、彼らの文法理論は、外見が似ているだけで、その実、驚くほどかけ離れたものでもある。両者の差異は、一方では、既知と未知の二項対立を理論的に援用する援用の仕方にあり、他方では（それと関連するものであるが）、「ハ」の定義を目差すアプローチの仕方にある。

大野は、『日本語の文法を考える』（一九七八年）の第三章「既知と未知」以来、『係り結びの研究』（一九九三年）を通って、驚異的ベストセラーとなった『日本語練習帳』（一九九九年）の第二章「文法なんか嫌い――役に立つか」にいたるまで、執拗な一貫性を持って、一方では、「松下大三郎を承けて、ハは既知、ガは未知を承けること」[39]を拠点にし、他方では、チェイフの『意味と言語構造』の中の「新しい情報と古い情報」の章の末尾にある日本語のハとガへの言及に着目し、「新旧情報の区別」を拠点にしている。大野は、この松下の理論とチェイフの理論とを合体させることによって自らの理論の基本的枠組みを決定したはずである。

その上、大野は、係り結びの文法論的説明においても、「疑問詞を承けない」／「疑問詞を承ける」という二項対立を基準にして「ハ、コソ、ナム、ヤ」／「モ、ゾ、カ」という境界を設け、「係助詞は異なる性格の二系列に分離される」[40]というテエゼを打ち出している。このように、大野は「確実・既知と不確実・未知によって代表される二つの対立的機構が存在する」という点に理論的根拠を置く一つの賭に打って出たのである。この前提を受入れるという条件の下では、たしかに大野の理論はみごとに首尾一貫している。ただし、この賭は、全ての賭がそうであるように、大きなリスクを抱えている可能性なしとしない。

ところで、三上章は、（実は、大野は一言もこのことに触れていないが）チェイフを通さずに、既知と未知との対比による説明を独自に試みていたのだが、共通の言語事象を同じ用語で語っているこの二人がどこで決定的に分かれることになるのだろうか。理由は、あんがい単純だと思われる。ようするに三上が「ハとガ」の対立という考え方そのものを徹底的に斥けている点で大野と区別されるのである。それでは、ここで問題点を整理してみよう。

（1）三上にも既知と未知によるハとガの説明の試みはあるが、[41]ハとガだけを分離してとり出して両者の差異を問うという姿勢はまったく見られない。あくまでもハ／格助詞（の総体）の比較があるだけである。言い換えれば、ガは格助詞であるという限りでハと比較されているにすぎない。ここが大野との差異の第一点である。

（2）大野は、「Xハ」＝既知情報／「Yガ」＝未知情報という弁別基準を絶対視する形で、ハとガとの間に（大野によれば）あるとされる現代日本語における共時的・構造的対立を、係り結びの歴史的変遷過程の中にまで導入することによって、ハとガの共時的かつ通時的「対立」という、いわば一種の対立史観（ハとガ間のヘゲモニー史観）を打ち出しているのである。大野は、「現代語ではハとガとが構文上対立的な役割を演じている」[42]という主張を繰り返しているが、その論拠（背後にある考え）は、たとえば以下のように述べられている。

ガは本来、係助詞ではないからハとは別の特性を併せ持っているが、現代語に、

既知・確定・一般的題目としての提示

未知・不確定・新しい発見としての描写・記述

という二項の対立があるということは、疑問詞を承けるか承けないかによって対立する二つの文の構成法をもつという点で、係助詞にある二系列の対立と同類のものであり、この二つの対立を基礎に置いて文を構成するという日本語の文の構成上の根本的性格が古来、連綿として保たれて来て、現在もその型を使っているということを示すものである。〔中略〕その係り結びの機構が活用形の機能の変質などによって全体として衰亡した室町時代以後になると、〔中略〕ハの対立者として、主格に立ちやすく、かつ疑問詞を承けることができるガを選び出し、ハとガの対立によって、係り結びを保有した時代と平行する構文法を成立させた。それがつまり近代日本語である。(43)

だが、以上のような大野の見方を三上はけっしてとらない。それは、三上がハとガをそれだけ取り出して対比させることには意味がないと考えていたからであるに違いない。三上は次のように言っている。

「は」の文と「が」の文とを対立させるのは理論的でない。主題のある文、ない文をそのままに、「は」のある文と「は」のない文とを対立させなければならない。これが有題と無題との対立である。「が」の文というようなものは種類として無用である。(44)

なぜ三上が「は」の文と「が」の文の対立を無用かつ非論理的であると言っているかというと、それは、「Xハ」を主題と呼び、「Xガ」を主格と呼んで両者を対立的にとらえることそのものが非論理的なのだ、と考えているからである。その理由は、「両者は次元が違う(45)」からである。根本的に次元を異にするものどうしの間に対立関係を認めるのは論理的でないということなのである。三上の文法論は、実は、この次元の違いを繰り返し執拗に言い続ける形で構築されているのである。ハとガはその職能をまったく異にするものであるから、対立するということはありえないという立場を三上は堅持しているのである。ハとガはそれぞれの職能に従って協力し合っているということなのである。大野におけるハとガの対立史観からこれほど遠いものもないと言っていいだろう。

三上の構えを整理しておこう。三上の基本的な姿勢は、前章で確認したように、ハと格助詞との境界画定を目差すことにある。この三上の企図は二つの所作をベースにしている。第一は、

（すでに述べたように）山田のいう係助詞から、佐久間鼎と同じように、「ハとモ」を分離すること、より正確に言えば、ハの弁別特徴を独自に探ること（ハを副助詞とも呼んでいる理由の一つはここにある）であり、第二は、山田における係助詞／副助詞／格助詞の相互境界画定に似た形の助詞の分類を、一貫して「係り方」の類型化の試みを通して探ることである。以上の二つの狙いは、たとえば三上の次の表現の中に認めうるだろう。

〃は〃の係りと格助詞の係りとの係り方がひどく性質を異にしていることについて、幾分のご了解は得られたことと思う。ひどく違うので、両方を同じ〃係る〃ということばであらわすのは不適当だという気もしている。〃係る〃ということばにふさわしいのは、格助詞の方である。

〃は〃は文末に及ぶ。文末と呼応する。
〃が〃、〃を〃などは最寄りの用言に係る。(46)

以上で、三上が、根本的には、ハと格助詞との境界画定を両者の「係り方」の違いを基準にして行っていることは明瞭だろう。同時にまた、係り結びの押え方、宣長継承の仕方において、大野とは大きく隔たっていることも明瞭だろう。

宣長への言及数はさほど多くはないが、三上が宣長に親近性を感じていたということは間違いない。たとえば、次の発言などには宣長を彷彿とさせるものがあると私は感じる。

複雑な文は数個の用言を含んでいる。それらの用言から用言へ、係っては係られ、係っては係られて、ついに文末に達する、というのが日本語の構文の姿である。〔中略〕我々のセンテンスは、活用形から活用形へ、係っては係られ、係られて（上を背負って）は係って、大小のフレェズを作りつつついに文末に達する。(48)

私は、宣長と三上の間で、時代をへだてて共鳴音が響き合っているのを耳にする思いがする。宣長が歌学研究を通して日本語の根本的特徴として感じとっていた（直感していた）現象（「てにをはは。神代よりおのづから萬のことばにそなはりて。その本末をかなへあはするさだまりなん有て。」(49)）、それと、三上が文法論を通して日本語の根本的特徴として感じとっていた（直感していた）現象（ハにおいても徒においても、文末まで律動的に係っていくように進む根本的趨勢・勢い）との間には興味深いアナロジーが認められる気がするのである。歌（詩）の身体性（詩言語における根本的律動）と文法における身体性（構文的根本律動）との差はあんがい小さいのではなかろうか。その感覚を二人は時代を隔てて同じように抱えもっていたのではなかろうか。しかも、二人は、一つの共通の直感に、助詞「は」を通してこそたどり着いたのではなかろうか。つまり、彼らが共有していたかもしれない直感とは、実は、助詞「は」に対する直感だったのではなかろうか。三上が宣長から継承しようとしたものとは、とりわけ「は」に対する直感だったのではなかろうか。『てにをは紐鏡』『詞の玉緒』から三上が読み取ろうとした啓示が次の言葉で表現されていると言えないだろうか。

本居宣長がハ（とモ）を係り結びのトップに置いた功績も、明治以降の日本文法は継承していないのである。本居のXハ、Xモももちろん主格に限る形式ではない。明治大正はよくよく不肖の子という気がしてならない。(50)

助詞「は」は、おそらく、古典的な意味での「係り」をはるかに超える役割（職能）を日本語の中で演じてきたし、これからも演じ続けていくであろう。助詞「は」は、山田孝雄の命名になる係助詞という枠を、ある意味では、はるかに逸脱した、いわば怪物的な何ものかであると私には思われる。そのことを宣長と三上が示唆しているように思えるのである。どのような呼称を与えても、助詞「は」はその呼称を無視して自らの職能（職務）を貫徹するだろう。それは、三上の言うように、助詞「は」が、いわゆる助詞の次元にあるというよりも、むしろ述語の次元にあるからではなかろうか。たとえば、多くのピリオドを越えて、ある文末まで「係る」ものがあるときには、そこには必ず「は」の虚勢的な係り（呼応）があるのである。いや、それ以外にはなにもないのである。このことを無視したら助詞「は」の定義は、原理上、不可能であろう。三上が「ハの本務」という呼称を与えた時には、助詞「は」の述語的職能のことが言いたかったのだと私は思う。

以上をもって狭い枠での文法論的議論には終止符を打ち、次章からは、日本語と日本思想との縫合化現象の例に目を転じることにする。ただし、できるかぎり文法論的省察と交差するテーマを選ぶことにしたいと思っている。「日本語で思考すること」を武器に使ったはずの才人である本居宣長、西田幾多郎、和辻哲郎、廣松渉、木村敏といった思想家を選び、彼らが、日本語文法と確実に交差する思想上のテーマを扱った際に、それらのテーマとどのような取り組み方をしたのか、そのことを、例えば柄谷行人の文字論、三上章の文法論などを手引きにして、検討してみたい。「コト／モノ」、「自《おの》ずから／自《みずか》ら」、「コプラ（繋辞）」などについてである。

注

(1) 遠藤嘉基『訓點資料と訓點語の研究』、附録「訓點語関係論文目録」(築島裕編)、弘文堂、一九五二年参照。

(2) 山田孝雄『漢文訓讀と國文法』、國語科學講座Ⅲ、明治書院、一九三四年、六―七頁。旧漢字を新漢字に改めたことをお断りしておく。

(3) 山田孝雄『日本文法學概論』、宝文館、一九三六年、四七二頁。

(4) 菅野覚明『本居宣長　言葉と雅』、ぺりかん社、一九九一年、二五四頁。

(5) 「というのも、これまでの思想史研究においては、宣長の語学説は神話世界に表現された『道』を明らかにするための技術的補助手段として位置づけられてきたためであり、たかだか宣長の古道論が、いかに実証的な研究を基礎に立論されているかを示すために、部分的に触れられるにとどまったからである。」(同右、二五四頁)。

(6) 同右、二七八頁。

(7) 柄谷行人は、逸早くベネディクト・アンダーソンの『想像の共同体』(一九八三年、邦訳、NTT出版、一九九七年)の画期性に注目し、最近の『世界共和国へ』(岩波新書、二〇〇六年)にいたるまで、ネーションと国家の概念の再考を徹底的に押し進めている。

(8) 加川恭子「文法の発見　国学と近代国語学」『江戸の思想』第二号(言語論の位相)、ぺりかん社、一九九五年、四六頁。

(9) 大野晋、『係り結びの研究』、岩波書店、一九九三年、二一八―二二四頁。

(10) 同右、一五頁。

(11) 同右、三三五頁。

(12) 同右、vi頁。

(13) 『本居宣長全集』第五巻、筑摩書房、一九七〇年、八頁。旧漢字を新漢字に改めた。

(14) 渡辺実『日本語史要説』、岩波書店、一九九七年、一四三―一五八頁。

(15) 同右、一四四頁。

(16)『本居宣長全集』第五巻、前掲書、三―四頁。ほぼ実物通りの複製が見られる。

(17) 同右、二二―五七頁。

(18) 三上章『現代語法序説』(新装版)、くろしお出版、二〇〇三年、二〇〇頁。

(19) 三上章『文法小論集』(新装版)、くろしお出版、二〇〇二年、一一頁。

(20) 渡辺実『国語構文論』、塙書房、一九七一年、一八頁。

(21) 三上章『現代語法新説』(新装版)、くろしお出版、二〇〇二年、三三頁。

(22) 山田孝雄『日本文法學概論』、前掲書、四九二頁。旧漢字を新漢字に改めた。

(23) 一例をあげておく。「かくの如く見来れば、本居宣長翁がこの『は』を以て係詞と称せられたることの如何に卓見にして如何に真理を看取するに鋭利なる頭脳を有せられしかを見るに足らむ。」(山田孝雄『日本語文法論』、宝文館出版、一九〇八年、一九九三年、六四九頁)。

(24) 舩城俊太郎「係結び」(『国文法講座3』、明治書院、一九八七年、二八五頁)。舩城は、次の痛烈な批判をも加えている「宣長の『は』の〈係り〉は、(中略)宣長が発見して係りに加えたものではなく、従来のものをそのまま受けついだに過ぎず、その把握の仕方も従来通りであり、『は』の存在そのものから宣長の〈係結び〉の原理を知ろうとするのは、まったくの見当違いなのである。」(二九〇頁)。

(25) 同右、三〇五頁。

(26)「〃は〃は陳述に勢力を及ぼす(山田孝雄)という指摘は早かったが、その重要さの認識には時間がかかったようである。」(三上章『文法小論集』前掲書、一二頁)。

(27) 山田孝雄『日本文法學概論』前掲書、四七八頁にある例をあげておこう。「係助詞は格助詞のその在るべき地位に存せぬときその位地に加へ用いらるゝことあり。而して格助詞と同時に用いらるゝ時には、その下に加へらるゝことは副助詞に似たれど、格助詞の上に置かるゝこと決してなし。これ副助詞と係助詞との区別の要点の一なり。」（漢字と仮名を少しだけ変更した）。

(28) 三上章『続・現代語法序説』（新装版）くろしお出版、一九九四年、一四五頁参照。
(29) 三上章『文法小論集』前掲書、三五頁参照。
(30) 三上章『続・現代語法序説』前掲書、九八頁。
(31) 三上章『日本語の構文』（新装版）くろしお出版、二〇〇二年、五五頁。
(32) 三上章『続・現代語法序説』前掲書、九八頁。
(33) 三上章『日本語の論理』（新装版）、くろしお出版、二〇〇二年、九二―九三頁。
(34) 三上章『日本語の構文』前掲書、五三頁。
(35) 三上章『続・現代語法序説』前掲書、一三八頁。
(36) 三上章『文法教育の革新』（新装版）くろしお出版、二〇〇二年、二〇頁。
(37) 三上章『現代語法序説』（新装版）くろしお出版、二〇〇三年、一七四頁。
(38) 三上章『日本語の構文』前掲書、五四頁。
(39) 大野晋『係り結びの研究』前掲書、三六九頁。
(40) 同右、二〇頁。
(41) 代表的な箇所は以下の二つである。『構文の研究』くろしお出版、二〇〇二年、六六頁。『日本語の論理』前掲書、一〇六―一〇八頁。
(42) 大野晋『係り結びの研究』前掲書、一六頁。
(43) 同右、三八頁。
(44) 三上章『続・現代語法序説』前掲書、一〇二頁。

(45) 同右、一〇三頁。
(46) 三上章『文法小論集』前掲書、一五頁。
(47) 一カ所例をあげておこう。「本居や富士谷の文法研究に時代的制約のあったことは仕方ありませんが、大槻の怪しみ方に簡単に同調することもできないように感じます。ここでは、大槻よりも本居の方に親近性を感じると言うだけに止めておきますが。」(『文法教育の革新』前掲書、七一―七二頁)。
(48) 三上章『続・現代語法序説』前掲書、一三九―一四〇頁。
(49)『本居宣長全集』第五巻、前掲書、「詞の玉緒」一七頁。
(50) 三上章『日本語の論理』前掲書、一六三頁。

第5章　日本思想と日本語の問題

私はドイツ語がギリシア人たちの言葉と彼らの思惟とに特別に内的な類縁性をもっているということを考えるのです。このことを今日繰り返し確証してくれるのはフランス人たちです。フランス人たちが思惟し始めると、彼らはドイツ語を話します。彼らは、フランス語では切り抜けられないということを確証します。(1)

このハイデガーの、ドイツを形而上学の国とみなす、なんとも人を食った発言はよく知られている。私はこの発言をフランス人のラクー＝ラバルトがどのように受けとめているのかを訊ねたことがあった。ここにそれを（少しだけ表記法を変えて）再録することをお許し願いたい。

浅利　ドイツ語こそは思惟の言語、Geist［精神］の言語であり、「形而上学の神聖なる帝国」であると言ったのはクロソフスキーでしたね。

ラクー＝ラバルト　みんながそう言いました（笑）。

浅利　ブランショもそのように考えたのですか。［中略］しかし、はたしてブランショも同じように考えていたのかどうか。というのは、彼のエクリチュールをみれば、フランス語で立派に哲学的な思索をしているようにみえるわけです。それに本人もそれが可能であると思っていたのではないでしょうか。それに、そもそもどうしてフランス語では哲学できないのですか。

ラクー＝ラバルト　私はできると思いますよ。できないという理由はありませんからね。[2]

上記のハイデガーの発言（一九六六年）は、彼の意志により、死後の一九七六年五月に公表されたものであり、西田や和辻がそれに対して意見を持ちうるはずはなかったので、想像をめぐらすことしかできないのだが、一考の価値はあるだろう。あらかじめ言えることは、ハイデガーの上記の発言が、普遍性をめざしてなされる「哲学すること」と、固有言語（イディオム）によってそれをなすこと、つまり母語を通して、母語によって哲学することとの間にある関係を問題として抱えているということである。その意味では、日本の思想家もこの問題に無縁ではありえない。

哲学の起源をあくまでもギリシアに定位するハイデガーにとっては、「形而上学の神聖なる帝国」であるドイツ語（彼の母語）が、ラテン系の言語よりもはるかにギリシア語との類縁性が強いことを主張することに大きな執着があったことはたしかである。しかし、ニーチェの『善悪の彼岸』の有名な一節をここにもってくると、[3]もっと根本的に思考（思惟）と文法との関係を考えるように促されることになる。インド・ヨーロッパ系の言語（ギリシア語、ドイツ語、フランス語など）とウラル・アルタイ系の言語（日本語）との文法構造の差異が哲学上の問題として提起されているからである。この問題に関しては、日本の思想家のケースを検討することが、西洋の普遍性をも同時に問題視することになるという意味では、より普遍的に問題を捉え返すチャンスとなるかもしれない。

ところで、日本人によって書かれた思想テクストを日本語との関係から問う作業を始めるやいなや思い知らされることがある。それは、適正な距離を保ちながら一貫性と客観性をもって語ることがいかに困難なことかということである。思想と言語（母語）との関係を「超越論的に」問うことがいかに難しいかということである。つまり、この関係の考察においては、一定の科学的原則を守った上でテクストを読むことがすでにきわめて難しいということである。本人がそれを心がけているつもりではあっても、ただちに「自然的態度」に陥ってしまいがちだからである。

また、母語が問題であるときの方がその危険が増すのである。母語という近くて遠いものの不可視の制度性の中に絡めとられてしまうからである。それを避けるべく、自然的態度や思い込みを括弧に入れて（エポケーして）、超越論的な立場を堅持することはそうとうに難しいことなのである。そこで、「疑ってみること（吟味すること）」を手放さないようにするための一つの策として私は日本語に対してできるだけ日本語文法論のフィルターを通して語るという立場を守ることにしたい。

また、ここであらかじめ苦しい弁解をさせていただくが、「疑う」ということを極度に重視する立場が強いる代償として、私の論述がことさらに「問題点」にばかり向けられてしまうことは避けえないだろう。また、そのことによって、読者に不快な思いをさせてしまうことになるだろう。なぜこの男はことさらに人のあら探しをすることにばかり執念を燃やすのかという反撥を誘発するに違いない。問題点ばかりに注目しているつもりはないといくら口で言ったとしても、ただの弁解にしか聞こえないだろう。この点ではひたすら読者の寛容を乞わなければならない。

西田幾多郎の文章世界

私は、第二章において、思想家と母語との関わりを問うための一人目として西田幾多郎を例にあげた。ここで、西田の文章世界についての補足として、二、三の確認をしておきたい。

私の知る限り、西田と日本語というテーマにはじめて正面から取り組んだのは中村雄二郎であった。彼は『西田幾多郎』の一節「場所の論理と日本語」において、西田哲学と時枝言語論とのアナロジーに着目しているが、私には先駆的な論考として非常に貴重なものであった。また、中村の着眼点の確かさは、西田幾多郎と時枝誠記の間に実際に確認しうる類似性を検討すれば納得がいく。実は、私は中村のこの一節を読んで一つの決定的な着想を得たのであり、この一節に出会っていなかったとしたら、本書は存在すらしなかったはずなのである。それほどまでに大きなきっかけを作ってくれたものであったのだが、それと同時に、強い戸惑いを禁じえなかった。いましがた予告したように、疑問点だけを語らせていただく。

問題なのは次の点である。中村は、西田と時枝との突き合わせを十分になし終えてもいない前に、次のような表現をしてしまっているのである。

> たしかにこれ〔西田の哲学〕はユニークで大がかりな企てであった。すなわちここに、彼はこれまでの哲学の共通の前提であった主語論理主義の立場から述語論理主義の立場へコペルニクス的転換ともいうべきものを行なうとともに、それをとおして、すべての実在を述語的基体＝無によって根拠づけ、無の場所を有の欠如ではなく無底にして豊かな世界として捉えたのであった。(4)

中村の言説は、以下の二点において問題であると思う。第一に、中村は、アリストテレス的「主語論理主義」と西田における「述語論理主義」、「非アリストテレス的述語論理」(5)との差異が根本的には何に由来するものであるのかを冷静に考えてみるということをしていないように思えるのである。実際には、ニーチェが言うように、ギリシア語（インド・ヨーロッパ系の言語）と日本語（ウラル・アルタイ系の言語）との差異を考慮して論じられるべき事柄なのではないかと私は思う。中村はそのことを飛ばして議論しているのが気になる。[6]

第二に、中村は、西田の「述語的論理」を問題にしながら、西田の論理が徹頭徹尾「包摂判断」に依拠したものであって、論理学的にいって、きわめて限定された狭い枠のなかで議論が展開されているという事実を完全に無視している。西田の世界的独創性を力説するのは自由だとしても、西田の「場所」についての省察において、なぜもっぱら包摂判断だけが問題にされねばならなかったのかを問うことを飛ばしてしまうのはやはり問題だと言わねばならない。

ここで文法論的観点を導入してみよう。西田のいう包摂判断というのは、日本語の文形としては、もっぱら、「Xハ云々」という、一般に「名詞文」と呼ばれるものに限定されているのである。そして、日本語におけるこの限定が、西田の論理的言説を方向づけることになった可能性も十分にありうるだろう。

ここで三上を援用すると、日本語においては「名詞文は必ず有題である。見かけは無題でも、語順をひっくり返して wa のある形にすることができる」[7]のであるから、西田は、係助詞の「wa」が文末の言い切りの「da」で終わる（「da」によって包まれる）構造の文だけで「哲学している」と言えるのである。したがって、アリストテレスがギリシア語の文法の制約のもとに「哲学した」と同じ意味で、日本語の文法の制約のもとに「哲学した」にすぎないという言い方が、とりあえずは、可能なのである。以上が中村氏の西田評価に対する留保の第一点である。
これに加えて、ここで、中村雄二郎とはまったく違った視点からなされている柄谷行人の重要な指摘を思い起こしておこう。

西田の「述語的論理」なるものは「主語的論理」の中身をそのまま用いている。個―場所という新たな回路のなかで、それ以前と同じ論法が用いられる。たしかに彼は、フィヒテ・ヘーゲルのように有としての一般者からはじめるかわりに、絶対無としての一般者（場所）からはじめる。しかし、そこから運動を作るためには、無としての一般者が「自己を自己に映す」という運動をもってくることになる。自己写像＝自己差異化＝自己疎外である。それは「無」のなかで語られるけれども、フィヒテ、ヘーゲルと同じ論法である。そもそも「一般者の自己限定」なる概念はヘーゲルに由来するのだ。(8)

こうして見てくると、西田の述語的論理を「コペルニクス的転換」という表現で語るのはいささか大仰すぎるだろう。西田の「述語的論理」＝「場所的論理」の（西欧の哲学者の論理に対する、しかし、誰に対してか？）独自性を語るためには、もう少し西田自身の文に依拠した、しかも、西田の使った言語（日本語）の性質を考慮したものである必要があるだろうと思う。私は、一つの試みとして、中村雄二郎とはまったく違う視点から、西田における日本語の問題を、一方では、格助詞の性質をとおして、他方では、シンタクスのレヴェルでの係り（一種の包摂）の言語事象の問題として語りうるだろうということを（第二章で）[9]提示しておいたつもりである。

西田に関するもう一つの例を引いてみたい。三上章は、『文法教育の革新』のなかで、「哲学上の主語」をめぐる論考として関根俊雄の「主語・述語のこと」という論文をそのままの形で（再録）掲載している。私たちのテーマにとって興味深いのは、「二、主語のいろいろ」の章である。「心理的主語（一と二）」「形式的主語」「実の主語」「内容上の主語」「哲学上の主語」「文法上の主語」というふうに六種類七項目の構成になる論考だが、その六項目目「哲学上の主語」が手引きになると思う。すこし長いが貴重な手引きになると考え、引用することにする。

論理学上の主語と名づける方があるいは適当かも知れないけれども、論理上の主語ではないのである。そこでまぎらわしいし、また西田哲学で盛んに主語述語が説かれるので（これに言及しないわけに行かぬし）、かたがた、論理学上の主語と言わずに哲学上の主語と称しておく。[10]

こう前置きした後で、高山岩男の西田論の引用が四カ所続く。二つ目以下を引用する。

包摂判断とは普通論理学で説く如く〝特殊〟が〝一般〟の中に包摂せらるる判断である。或る特殊が或る一般に包摂せらるるときここに〝知る〟ということが成立する。例えば〝赤は色である〟と言う判断的知識があるとき赤なる特殊は色なる一般概念に包摂せられたのであって、この包摂関係を俟って始めて知るということが成立するのである。この場合赤の特殊が判断の〝主語〟となり、色の一般が〝述語〟となり、〝である〟は繫辞となって、この繫辞が主語と述語を結合するときここに判断が成立するとせられる。之を包摂関係から言えば特殊的主語は繫辞の媒介によって一般的述語の中に包摂せられるのである。(同三二ぺ)

個物の本性は、主語となって述語とならぬところに求められた。我々は意識の本性を、之に対して却って〝述語となって主語とならぬ〟場所となるところに規定するより外ない。(同八〇ぺ)。

主語は知らるるもの、即ち知の対象である。我々は之を広くノエマと称しよう。述語面は知ること、即ち非対象的な知そのものである。我々は之を広くノエシスと称しよう。自然界は概念的判断的推論式的等の種々なる一般者のノエマ的限定に成立し、意識界は却ってノエシス的限定に成立すると言い得るのである。（同八三ペ）(11)

以上の引用は西田の、たとえば「場所」（一九二六年）などを読んだことのある読者にはなじみの内容であり、西田を包摂判断を通して解説したものである。これに対する関根俊雄の文法論的視点からの意見は次のようになされている。

以上のような〃主語〃〃述語〃の考え方は、徹底的にはっきりしている。しかしこれは哲学であって文法ではない。ところがこの哲学ないし論理学と文法とは、昔から今に至るまでつねに混同されているのである。第一、右の「西田哲学」に西田幾多郎氏自身が序を寄せて「私の考えはアリストテレスのヒポケーメノンを媒介として遂に論理的なるものに出立点を求めるに至った」と述べているがそのギリシア語のヒポケーメノンがラテン語から来た英語の subject である。（hupo という前置詞は undr, keimenon というのは keimai 即ち to have been laid down の現在分詞男性単数である。sub は submarin の sub, ject は interjection の ject であろう。）subject 即ち主語は、判断の主辞（特殊）として、一般なる場所の前に〃投げ出されたもの〃

であり、さらに牽強付会すれば（実は牽強付会ではあるまいと推定しているのであるが）定動詞から遠心力的に〃投げ出されたもの〃が subject 即ち主語なのであろう。（am から I が、bin から Ich が、akouō〃我聞く〃から egō が投げ出されると見ることができよう。[12]）

そして、結論として、次のように語られている。

この定動詞から投げ出されたという最後の考察は語学的で、7の文法上の主語の考察に連続するのであるが、世間で主語述語が云々される時は多分に論理学上の主語述語が取扱われているのであるから、それならそれは論理学書を側に置いて論争しなければならないと思う。そしてそれは文法には別れを告げてゆくものなのである。[13]

長々と引用したのは、以下のことが言いたいからである。つまり、私たちがある思想家とその母語との関係を問うにあたって、あらかじめ確認しておくべき事項がいくつか横たわっているということである。つまり、いくつかのハードルの飛び越えが必要なのである。その一つとして、西田に関する上記の二つの例からも分かるように、論理学と文法論との重なり合いをうまく把握する道をさぐることがどうしても必要になるだろうと思うのである。これは西田と時枝との間にあるアナロジーを語る時にも前提とされるべき要件であると私は思う。

この点に関しては、昔から悲観論が支配的だったようであるが、[14]にもかかわらず、この両者の突き合わせは回避して済ませるような性質のものではないこともたしかである。

三上の著作に依拠するのは、そこに論理学と文法論を包括的に眺める視点を認めうるからなのである。また、三上は、この観点においてこそ、彼が師事した佐久間鼎から重要なものを継承しているはずである。三上の一節をここで紹介しておこう。

論理学の基本的な概念や区分が、日本語の文法構造にどの程度反映しているかを考えてみたい。

この種の問題に対する一の答案であり、したがって指針となるものは、佐久間鼎『日本語の言語理論』（59）の中の四編である。

日本語の論理的表現（40）
否定的表現の意義（38）
西欧論理思想のあゆみ（58）
日本語の論理性と情動性（58）

わたしの考えも、基本的にはこの方向のものである。ただ論理的の意味に強い弱いの差があれば、わたしの方が弱いかも知れない。(15)

日本思想と日本語文法──繋辞(コプラ)について(その一)

さて、私は第一章の冒頭で次のように述べておいた。

私は、こうした二つの次元〔自らの特殊性の限界と可能性〕が交錯する地点にあって、今後も問題の思想家としてあり続けていくにちがいない人物として、おもに本居宣長、西田幾多郎、和辻哲郎の三人をとりあげ、「日本語で思考すること」はどういうことを意味するのかを問うてみたい。(16)

本書の第五章目にしてようやくこの論題に取りかかるべき地点にたどり着いたのだが、ここでまず、最初の四章の論考によって至り着いた暫定的な結論をもう一度確認しておこう。
現代の日本語文法におけるもっとも枢要な問題点の一つをなす助詞「ハ」の規定、それと相関係にある「係り」概念の規定というシンタクス論上もっとも重要なものの一つにおいて、両者を隔てる時間の懸隔にもかかわらず、本居宣長と三上章がほぼ見方を一致させていることを確認した。具体的に言えば、三上の「ハ」についての規定が宣長のいわゆる係り結び研究における「ハ」の規定にぴったりと呼応するものであることを確認した。とりあえずここで強調しておきたいのは、宣長の文法理論あるいは三上章の文法理論には極めて高い科学性があるだろうということである。とくにまた、宣長の「詞と辞」の言語論の背景にある日本語文法についての省察が極めて高レベルのものであると思えるのである。

さて、以上の確認をなし終えたところで、今度は、改めて、三上の文法論を援用することによって、いよいよ宣長の「詞と辞の文法論」を科学的に検討する段階に至ったわけである。しかし、それに着手するためにはなおいくつかの迂回路を経由しなければならない。というのは、三上の文法論によって時枝誠記の「詞と辞」の文法論について語ることにはさほどの困難はともなわない。三上による時枝評価は高いし、明快に語られてもいる。また、時枝の詞と辞の理論に対する留保点(17)も明快に述べられているからである。ところが、宣長の文法論の検討の場合にはいくつかの手順を踏むことがどうしても必要になるのである。その一つとして、これまで繰り返し述べてきたように、柄谷行人の省察を手引きにしたいと思っている。そして、最後には、前章の冒頭で述べておいたように、柄谷の「文字論」が投げかけている巨大な問題(難問)

への返答の試みという枠のなかで論じることにしたい。それは、くり返していえば、日本語においては、「文法（シンタクス）」と「エクリチュール（文字組織）」がどのように交錯しているのかという巨大な問いである。これは柄谷自身も十分に展開しえているわけではないだろう。柄谷による先駆的な考察を手引きにして、これから省察を深めてゆくべき課題であると思うのである。

それでは、あらかじめ絶対に立てておくべき問いからはじめよう。つまり、宣長、西田、和辻の日本語論を語るにあたってあらかじめ立てられなければならない問いである。「日本語における繋辞（コプラ）は文法的にどのように規定されうるのであろうか」。これがその問いである。「繋辞」の哲学的な規定は、さきほどの高山岩男の規定では「デアル」ということであったが、それは正確な規定であるといえるのか。この点をあらかじめ検討しておかない限り厳密な議論は期待できないだろう。なぜなら、「繋辞」とは、もともとは西洋語の概念であり、それを日本語に「翻訳した」ものだからである。だからあらかじめ、「日本語における繋辞とはなにか」という問いに対する一定のコンセンサスを打ち立てておかないといけないはずである。ここで私は三上章による定義を規範にして論を進めるという立場をとることにする。

三上による繋辞（コプラ）の定義

三上による繋辞の定義は、『日本語の論理』の「二、主辞と賓辞」のなかで語られている。まず三上は、三つの法則を速水滉の『論理学』から引き出しうるという確認からはじめている。

速水『論理学』には、次の三つの法則が含まれている。

第一則　賓辞だけでも文である。
第二則　主辞は、「何々は」または「何々には」である。
第三則　「何々が」は主辞ではない。

そして、三上は続ける。

本書のおもな訳語は、

主辞（Subject）　全称（Universal）すべての
賓辞（Predicate）　特称（Particular）ある
繫辞（Copula）　単称（Singular）固有名詞的

コプラについて著者〔速水〕はこう言っている。外国語では繫辞は「アル」To be（Sein；être）という動詞であるが、これは言語の上に明らかに現われているとは限らないから、現われていない場合にもそれを賓辞の中に含める考え方がある。また、日本語では「ある」「ない」のほかに、テニヲハのハがコプラの用をする場合がある。たとえば「柳は緑、花は紅《くれない》」における「は」がそうである、と言っている。

日本語のコプラはハであろう。デアルはつけたりだから、それへ助詞を代置することもできる。男女に分けて「柳は緑さ（男言葉）」とか「花は紅よ（女言葉）」とかいうふうに。

そして、ハはむろん主辞の方へ入れなければならない。

主辞	賓辞
The dog	is an animal.
犬は	動物である。（動物さ、動物よ[18]）

以上が三上の説明だが、先に引いた西田についての高山岩男の議論に三上の上記の規定を適用させれば、高山と三上による主語、述語、繫辞の規定にはズレがあることが明瞭になる。三上文法論に従えば、高山の用語は以下のように改められるはずである。

主語改め主辞（論理学で言われるところの「主語」）
述語改め賓辞（論理学で言われるところの「述語」）
繫辞＝デアル改め繫辞＝ハ

ところで、これだけの手順をふめば、高山と三上とを共通の地盤で語る可能性が開けるかというとそうはいかない。まだいくつかの解決すべき問題が残されているからである。それは以下のようなものである。

（1）第一に、繫辞は「デアル」（あるいは「ダ」）ではなく、「ハ」であるということを高山が飲み込むことが前提になる。ただし、西田の「場所的論理（述語的論理）」の世界においては、日本語文としてほとんどもっぱら包摂判断の命題文をモデルにしているという意味では、あまり問題が生じないであろうと推測される。もっぱら「XハYデアル」という形式の文が問題なのだから、現実的には、繋辞（コプラ）を「ハ」とみなそうが「デアル」とみなそうが、結局は同じことになるだろうと言えるからである。あとは、哲学の伝統的翻訳用語である「主語」「述語」を「主辞」「賓辞」で置き換えればいいだけのことである。ところが、形式論理学のレベルを「存在論」のレベルに移して論じる場合には、それだけでは問題は解決しない。なぜなら、「存在」の問題は、存在動詞のある言語（ギリシア語をはじめとするインド・ヨーロッパ語）のなかで形成されたものであって、日本語のなかで「存在」の問題が立てられる場合には、英語でいうbe動詞に当たるものが日本語においては何にあたるのか、という問いを避けて通るわけにいかないからである。しかし、この問題については、宣長の詞と辞の日本語論を語る時まで先送りにすることにする。

（2）「Xガ」は主辞ではないと言いうるためには、「ガ」が繋辞ではないと同時に、「XガYデアル」の「デアル」も繋辞ではないと言わねばならない（この点では、三上の見解には一貫性がある）。高山の場合には、日本語文の包摂判断文（「Xハ云々」）が問題なのだから、すべてのケースに「ハ」が使われていることになる。しかし、それはあくまでも暗黙の了解にすぎない。やはり、はっきりと「デアル」は繋辞ではないと明言する必要があるだろう。ここで速水のように「テニヲハのハが繋辞の役割を果たすことがある」という言い方が可能であろうが、その場合には、「テニヲハ」をどのように規定するのか、という問題に答えなければならなくなる。また、さらに一歩前進させて、三上のように、「日本語のコプラはハであろう」と言った場合、それでは、「ハ」以外の「テニヲハ」が繋辞（コプラ）になりえないのかどうか、という問いに返答しなければならなくなる。この問題の検討も、宣長の「詞と辞の文法論」を語る時まで先送りにすることにする。

（3）実は三上は、『日本語の論理』の中で、「Xハ」の「ハ」だけではなく、「Xニハ」の「ニハ」をも繋辞であると見なすよう提案しているが[19]、それではなぜ「Xデハ」の「デハ」は繋辞であるとは見なされえないのか、という問い（疑問）への返答を求められることになるだろう。

（4）一般的な「命題文」は「名詞文」であるが、名詞文には「Xガ云々」という文も含まれるのだから、名詞文という用語ではなく、「命題文」という用語を使って語ることにするが、この命題文の文形式が「XハYデアル」という形をとるのだから、なぜ「ハ……デアル」を、つまり「ハ」と「デアル」の総体を繋辞（コプラ）であるとみなすことができないのか、という問いに対しても返答が要求されるだろう。

思いつくままに、以上の四点を列挙したが、これら四点に厳密に答えるには、それなりの紙幅が必要になる。しかし、ここではこの問題に立ち入らずに、以下のような問いを立てるにとどめ、先に進むことにしたい。

（1）本居宣長は、なぜ係り結びの中に「ハ、モ、徒」を加えたのか。とりわけ、なぜ「ハ」

を加えたのか。宣長は、日本語文における論理構造の問題を彼なりの仕方で射程に入れつつ「ハ」の問題を考えていたのだろうか。また、なぜ、歌学におけるいわゆる「係結び研究」の枠の中で「ハ」を問題にしたのであろうか。
(2) 西田幾多郎が、命題文として、もっぱら包摂判断の文型を問題にし、他の命題の文型を考察の対象から外したのはなぜなのか。そして、そのことは、彼が「哲学する」さいに、日本語を選んだこととどのような内的な連関があるのか。かりに、彼がもっぱら英語なりドイツ語で「哲学した」と仮定した場合、その場合にも、彼はやはり包摂判断の文型に絞ることになったのであろうか。あるいはまた、彼のこの絞り込みは、日本語で「哲学する」ことの可能性を求めることと不可分な選択であったのだろうか。
(3) 和辻哲郎が、「存在」「繫辞」という語(哲学概念)を日本語の「ある」の分析を通して規定しようとしたときに、彼は文法論的にどの程度厳密であったと言えるのか。あるいは逆に、どんな錯誤に陥っていたのか。
さしあたり以上の三点を念頭において先に進むことにするということをお伝えしておきたい。

金谷武洋『評伝三上章』

ここで閑話休題風に、金谷武洋『主語を抹殺した男――評伝三上章』について意見を述べてみたい。

本書の第四章分が『環』(二八号)に出た直後、私が一貫して三上章を高く評価する論文を書き続けているのを知っていた友人が、この評伝の一読を勧め、パリに送ってくれたのである。目頭が熱くなる思いに何度も襲われながら書いたという著者の心の動きが直に伝わってくる気がした。そして、著者の意見になんども首肯しつつ一気に読み通してしまった。私は、生誕一〇〇年を記念して出された新装版の『三上章著作集』を通してしか三上のことは知らなかったので、この評伝は、私にとっては、まさに貴重な情報に満ちあふれる宝庫であった。

私も、いくぶん金谷氏と似たコースをたどって日本語教育の職につくことになった人間である。フランス哲学の勉強で渡仏したのが一九七六年のことで、一九八〇年からたまたま日本語を教えることになり、現在もそれが続いている。また、私が三上と出会ったのは、金谷氏に六年遅れて、一九八五年のことであった。

しかし、似ているのはここまでで、とくに巻末にある「謝辞」を読んで、私とはまったく違う環境にいる人であることを痛感した。三上について語るうらやましいほどの交友関係に恵まれた人だからである。私が身を置く環境とは対極であることをいやでも思い知らされた。私の方は、三上について語り合える話し相手がパリにはほとんどいないのである。私も、金谷氏のように、言語学者であったら事態は変わっていたのかもしれないが、パリにおいて三上について人と語り合った経験は数えるほどしかない。しかもいつもほんの数分間のことに過ぎなかった（日本語学を専門にしている人たちのことを話しているのである）。二十年以上も前から三上の文法論を熱烈に敬愛している私に、三上について共に語るべき話し相手がいないというのは（慣れているとはいえ）寂しいものである。それだけに、金谷氏の評伝を読んで救われる思いさえしたのである。まるでウソのように共感できる意見の数々を発見できたからである。一例をあげれば、大野晋への意見などには、まったく同感である。私はすでに大野晋の理論に対する疑念を表明したことがあったが、[20]実は、自分の独り相撲であると感じていた。それでも、私は、本書の第四章ではじめて理論的に大野理論への不一致点を語ることができたと思っていたのであった。そんなときに金谷氏の本に出会ったのである。ああ、同じことを同じように感じている人間も世の中にはいるのだという思いが襲ってきた。それは、とりもなおさず、私がこれまで病的なほどの孤独感にとらわれていたということを物語ってもいるだろう。ともあれ、モントリオール在住の人からこのようなメッセージが届くとは意想外の僥倖であった。

ところで、私は巻末に添えられた「参考文献」をながめながら、金谷氏の言語学者としての仕事に強い興味をかき立てられもした。ああこのような形で三上理論を言語学の研究に堂々と組み込むことができる可能性があったのか、という発見は実に刺激的かつ新鮮なものであった。私は、次の一節を目にして、ふと想像をめぐらし、自分のことのように興奮したのであった。

私は「中動相」の真の機能は「無主語文」であると主張した。そして「無主語文」が現代日本語に生きていることを三上文法を持ち出して述べた。印欧古典語における「無主語文」とは、ある事態が人為のコントロールのおよばない勢いを持って出体《しゅったい》することだ、と結論を下したのである。マニエ教授はこの結論を全面的に支持してくれた。(21)

私は、素人ながら、この種の可能性を予感はしていたのである。私としては、以下のことを真っ先に金谷氏にお伝えしたい気持ちがしている。本書の後半部(第五章以降)において、三上文法論を、論理学と文法論の重なる境域における第一級の省察として積極的に援用するつもりであると。いずれにせよ、私は、三上理論に高い国際性があることを疑わない。

さて、せっかくの機会なので、金谷氏に対する唯一の留保点についても語らせていただく。実は、三上を「土着主義」という語で語っている桑原武夫による評言に、寺村秀夫の「解題」

のなかで、出会って以来、いささか抵抗を覚えていたのである。問題の一節を引用しておこう。

桑原武夫氏は『展望』(72・1) の追悼文の中で、三上章を日本の「戦後土着主義の先駆者」と呼んだが、ミカミさんは土着主義に徹することこそ普遍へ通ずる最も確かな道であることを示した見本であるとも言えよう。(22)

金谷氏が何度も繰り返しこの三上の土着主義に言及しているのを読んで、納得がいくと同時に、一抹の危惧をぬぐい去ることができなかった。もちろん、金谷氏が「土着主義」について次のように語っていることに対しては別に異存はない。

三上章の著作はどれも具体的実証的で、抽象の高みから見下ろす観照的なものではない。つねに日本語の実態を日本人の語感という「土着の視点」(桑原武夫《くわばらたけお》)から捉えたものなのだが、それは何よりもこの文法学者の生きざま、つまり人生における意図的な選択の結果である。(23)

たしかに的確な評言であるに違いない。にもかかわらず、すこし引っかかりを覚えてしまうのである。理由はあんがい単純で、土着主義にも開かれたものと閉じられたものの二つのタイプがあると思うからである。もちろん金谷氏は前者の代表として三上について語っておられるにちがいないが、にもかかわらず、読者（私）としては、やはり、「〈開かれた人〉三上の場合には」という但し書きを補って読まなければならないという気持ちを抑えることができなかった。なぜなら、日本には、本人は土着主義でないと思い込んでいる人間のなかに、とくに国際派を僭称している人間のなかに、あきれるほかない土着主義者が少なからずいるように思えるからである。私はどうしてもこちらの現実の方が気になってしまうのである。

私は、金谷氏が三上との関係を見事に浮き彫りにしてみせている契沖や宣長についても[24]、ある程度、同じ但し書きが要ると考えている。契沖や宣長もまた、同時代の凡百の土着主義者に比して、〈開かれた〉人間だったことは強調されていいことだと思うのである。彼らは、仏教、儒教、道教との対決という形で、ある種の〈国際性〉の中に身を置いていた人物であったと思うのである。

それはともかくとしても、三上については、次のような評言も可能ではなかろうか。三上が同時代において際立っていたのは、やはり三上の類い稀な〈透明性〉においてであったのだという評言である。土着主義者として優れていたというよりも、内外の言語研究（国学者の言語論と同じく国外の言語論）と対座した時の彼の徹底的に〈開かれた〉ダイアローグの精神において優れていたのだと思うのである。金谷氏もたぶん私に同意して下さるものと思うのだが、あえてこの一点をこの機会に力説させていただく。三上の特徴は、土着主義によりも、その〈透明性〉にこそ、その〈開かれた〉態度にこそあったのだと私は考えている。外国の文法理論に対する彼の対話の精神は見事というほかはない。その点でこそ彼は抜群であったのだと思う。三上のように、橋本進吉にたいしても、大野晋にたいしても（三上は多くの箇所でこの二人を正当に評価してもいる）、〈公明正大な〉態度をとり続けた文法学者がほかにいただろうか。

「第二の英文法」に対しても同じことが言える。三上は、一貫して、日本の文法学者における英文法への過度のおもねり（過大評価）を戒めつつも、あるべき姿の日本文法を英文法との徹底的な比較検討において模索し続けた人物でもあったのである。あえて言えば、三上は、その開かれた構えにおいて、本居宣長や鈴木朖にまったく似ていないとも言えるだろう。また、これから語ることになる和辻哲郎にも、おそらく、まったく似ていないのである。

和辻哲郎

まず、私と和辻哲郎との出会いから語らせていただく。私が和辻を読み出したのはわりに最近のことである。和辻について考えるきっかけになったのは、私の大学（国立東洋言語文化大学）

で西田研究会を立ち上げて二年目の二〇〇二年のことであった。哲学者のフランソワーズ・ダスチュールの主宰する「Daseinsanalyse（現存在分析）」のセミネール[25]への参加という形で、その年のセミネールのテーマに合わせて「共同主観性」について発表をすることになったのを機会に和辻について考えてみることになったのである。二〇〇〇年から二年連続でこの研究会では木村敏の論文集[26]が主要文献として取り上げられていたのである。私たちの西田研究会のメンバーが三名発表を引き受けることになり、二人は西田について、三人目の私は木村敏と廣松渉について語った。私の発表は、「木村と廣松における間主観性の問い――〈あいだ〉概念の一系譜」というタイトルであった。

私は、この発表の原稿を用意する過程でいくつかのことに気づいた。それを列挙してみよう。

（1）〈間〉概念には一つの系譜があること。時代区分として、西田以前と西田以後に分けうること、つまり、ハイデガーを重視しなかった西田と、それ以後の世代（明らかにハイデガーの影響下にあった日本の哲学者の時代）との二つの時期に。そして、西田においては、「私と汝」という二項間の関係として〈間〉概念が問題にされている。

（2）西田以降では、九鬼周造と和辻哲郎が、ハイデガーとの関係において、哲学における主体性を「柄」の概念を通して語るという問題系が立てられている。九鬼と和辻は、ほとんど同時期に（ハイデガーとの対決＝対話も同時期である）日本社会における「間柄」のテーマを哲学的な考察の核心部に位置づけた点でも共通している。

（3）この両者に続く世代に属する木村敏と廣松渉の二人が、主に西田の影響下にありながら、表面的には和辻哲郎の（間接的には「柄」の概念を粋の問題系のなかで問うた九鬼周造の影響がある）用語法から大きな着想を得ているに違いないこと。木村の場合には、「間」と「コトとモノ」に関して和辻にはっきりと言及している。廣松の場合にも、「コトとモノ」、「役柄」、「役割」といった一連のキーワードを、和辻を念頭におきながら、そしてある時期からは木村敏にも注目しながら、練り上げていったとみてほぼ間違いないだろう。

ここで、熊野純彦『戦後思想の一断面　哲学者廣松渉の軌跡』のなかにある一節を拝借することにする。

「第二回・哲学奨励山崎賞」を受賞したさいの記念シンポジウムにおいて、池上鎌三と和辻哲郎との関係を問われた廣松は、影響関係についてほぼ言下に否定している。田島節夫（哲学。元・東京都立大学）が「和辻さんと池上さんを組合わせたら、これは出来るんじゃないかと思った」と発言したのを承けて廣松は、［中略］「池上先生の授業は私、一度も受けたことがないんです。いわんや和辻先生の授業も。ちょっと心外だなあ」と答えているのである。[27]

熊野純彦は、このエピソードを紹介しながら、廣松における和辻への関心は比較的おそい、と推測しているが[28]、私の推測はかなりちがう。東京大学における最後の数年間に彼が示した和辻の『倫理学』への関心にはるかに先立って、和辻に対してはそうとうに早い時期から一定の関心を示していたと私は推測している。この推測は、一つには、廣松の著作名からやってくる印象によるのだが、実を言えば、もう一つのエピソードからきているのである。それは、ある日、田島節夫氏が語ってくれたエピソード[29]のことである。

学習院大学での哲学演習の最終日に、目白駅の近くの喫茶店で田島氏は演習のクラスの学生たちに囲まれて談話を始めたのである。「先日、廣松渉さんと話していたんだが、そのとき、君（廣松さん）が〈役柄〉とか〈役割〉とか言っている時には、実は、君は着物の〈柄〉をモデルに考えているのだろう、と言ったら、廣松は、ばれたかと言って笑ったよ」。ほぼこんなことを口にされたのである。そして、ご自分のネクタイをつかんで、「廣松さんがモデルとして考えているのは、ようするに、このネクタイの〈柄〉、つまり模様の〈パターン〉のことなんだ」と続けた。私はこの時の田島発言をずっと後になって、パリでふと思い出すことになった。その後も何度も考えてみたが、この〈着物の柄〉の発想の根元には、間違いなく、九鬼周造の粋の構造のモデルである〈粋な女の粋な着物の柄〉がイメージされているはずであると確信するようになった。事実、九鬼周造の粋の世界においては、粋な女の〈人格（人柄）〉は、その女の着物の〈柄〉と重ねられている。着物の柄、着物の着こなし、それが人柄と不可分な関係において捉えられている。ここにあるのは、いわば、人称性（人柄）とパターン（文化的に類型化、コード化されたものとしての、あるいはパターンと化した〈着物の着こなし〉、〈言葉遣い〉など）とが重ねられて問題になる世界である。九鬼周造がパリで作った歌（たとえば『巴里の窓』に出てくる「あの阿娜《あだ》っぽいいきな喉《のど》で／じゃらけた小唄を歌った女を」[30]などにおいては、女性の人格（人柄）がその女性の着物の柄や色の類型と重ねられていたはずである。日本社会のイメージは、江戸の化政期の粋の文化のイメージと重ねられていたにちがいない。ほぼ同じようなことが、九鬼よりもさらに日本社会への執着が強いとさえ感じさせる、和辻哲郎についても言えるだろうと私は思う。人形浄瑠璃などの愛好家であった和辻のことを思えばなおさらである。

しかし、単なる想像による推察をこれ以上続けたら、顰蹙を買うのは必須だから、このへんで切り上げ、もう少し裏付けのしっかりした論述を心がけなければならない。

次章で森有正が和辻のなかに何を読み取ったかを検討するさいに詳しく語る予定であるが、和辻によるいわば一級の省察は、一つには、きめ細やかな日本社会論のなかに認めうるだろう。私は、和辻が〈間柄〉の概念を洗練させていったのは、ハイデガーとの対決を通してであったとは思わない。むしろ、日本の社会における「人間関係」についての彼の繊細かつ鋭利な観察眼によるものであったと思う。そして、いささか強引だが、和辻による日本社会（彼の生活空間としての現実そのもの）における〈人間関係〉の分析能力によるところが大きかったのだと思う。和辻が、マルクス主義哲学者の廣松渉や精神病理学の専門家の木村敏を惹きつけたとすれば、それはこの種の能力によるところが大きかったのではなかろうか。

もしもこの推測が当たっているとしたら、以下のことが問われるのは自然であると思う。

（1）和辻の「間」概念がどこか強烈に日本の「共同体性」「世間性」と結びついていないか。

（2）もしもそうであるとすれば、和辻の間論、さらには、和辻の間論に連なると思える木村敏や廣松渉の間論は、日本社会の持つ特異性をそっくりと内部に抱え持っていると言えるのではないか。そして、この特異性は、評価次第によっては、対照的な二つの価値に分裂するものでもあるだろう。日本社会における「社会性の脆弱さ」という消極的＝否定的価値とみなされもすれば、それとは逆に、西欧の個人主義的性格を否定的に評価するという操作を介した、日本社会の「共同主観的性格」の顕揚による、非西欧的性格としての積極的価値を担わされもするだろう。和辻の評価はこの両価性のどちらに注目するかによって二分されることになるだろう。和辻の間論はそっくりこの両義性を抱え持っているはずである。また、ある程度同じようなことが、木村敏と廣松渉の間論についても言いうると思うのである。

さて、なぜことさらに、このような論の立て方をするかというと、上記の両義性（両価性）が、ある意味では、そっくりそのまま、日本語の問題としても提起されうると考えるからである。そのことを検討する最良の手引きの一つとして私たちは森有正の『経験と思想』という著作をもっている。和辻の間論、日本語論をテーマにするにあたって、私は、第七章で、森有正が和辻の何に着目したかを取り上げるつもりである。

注

(1) マルティン・ハイデガー『形而上学入門』平凡社ライブラリー、一九九四年、四〇二―三頁。
(2) フィリップ・ラクー゠ラバルト『政治という虚構』藤原書店、一九九二年、二七九―二八〇頁。
(3) インド・ヨーロッパ系の屈折語で思考する西洋人が屈折語で思考するという制約の下にあり、日本人は膠着語で思考するという制約の下にあるということをニーチェは示唆している。『善悪の彼岸』第二〇節参照。
(4) 中村雄二郎『西田幾多郎』岩波書店、一九八三年、九二頁。
(5) 同右、一〇二頁。
(6) もう一つつけ加えれば、中村の用語法はいささか厳密さを欠いているように思える。中村が「述語論理主義」と呼んでいるのは、いわゆる論理学でいう「述語論理」とどのような関係にあるのかを彼は明示しているわけではない。たしかに「3　述語論理と心の論理」で西田の述語論理について語ってはいるが、ここでもまた、西田のコペルニクス的転回という予め立てられた目標に向かって都合よく（意図的に）組み立てられた言説を読まされているという思いを禁じえない。しかも西田のテクストからの具体例は一つも出されていない（西田自身ほとんど例文を提示していないのがそもそも問題なのだが）。また、中村は廣松渉の次の意見にどのような返答をなしうるのか、と想像せざるえない。「西田があの場所の論理を出してくるときの筋立てはいくつかありますけど、そのうちの大事なポイントのひとつとして、アリストテレスの主語主義に対して述語主義ということを言っていて、そのコンテクストのなかでは、ヘーゲルをも非常に簡単に、あれは一種の主語主義だと、ポンと言っちゃっているでしょう。だけど、僕に言わせると、西田があの場所の論理で言っている程度の述語主義だったら、むしろヘーゲルに近いと思うんですけどね」（『現代思想』、青土社、一九九三年一月号、「西田哲学と東西の哲理」、二四六頁）。

（7）三上章『日本語の構文』（新装版）くろしお出版、二〇〇二年、一六五頁。
（8）柄谷行人『ヒューモアとしての唯物論』講談社学術文庫、一九九九年、一八一―二頁。
（9）本書、五四―六六頁。
（10）三上章『文法教育の革新』（新装版）くろしお出版、二〇〇二年、一八七頁。
（11）同右、一八七―八頁。
（12）同右、一八八―九頁。
（13）同右、一八九頁。
（14）三上章『日本語の論理』（くろしお出版、一九六三年）の冒頭にはこうある。「文法と論理学とはほとんど関係がないらしい。大森荘蔵『文法の論理性』（講座『コトバの科学　第四巻』58）にはそういうふうに言ってあり、その説明は首肯される」（一頁）。
（15）同右、三頁。
（16）本書、一四頁。
（17）たとえば、『続・現代語法序説』（新装版）、くろしお出版、一九九四年、一一五―六頁など。

（18）三上章『日本語の論理』前掲書、四―六頁。
（19）同右、八頁参照。
（20）季刊雑誌『環』四号（二〇〇一年冬号）、藤原書店、一一四―一一六頁。
（21）金谷武洋『主語を抹殺した男――評伝三上章』講談社、二〇〇六年、六一頁。
（22）三上章『続・現代語法序説』前掲書、二四三頁。
（23）金谷武洋『主語を抹殺した男――評伝三上章』前掲書、一三―一四頁。
（24）同右、九六―九九頁、一四〇―一四六頁。
（25）正式の名称は《Ecole Française de Daseinsanalyse》である。責任者のフランソワーズ・ダスチュールとはかつての私の（修士論文の）指導教授であったポール・リクールのセミネールで三年間（一九七六―七九）一緒だったことがある。
（26）Kimura Bin, *Ecrits de psychopathologie phénoménologique*, Paris, PUF, 1992.
（27）熊野純彦『戦後思想の一断面　哲学者廣松渉の軌跡』ナカニシヤ出版、二〇〇四年、六〇頁。
（28）同右、六〇頁。
（29）一九七四年のことだったと思う。
（30）『九鬼周造エッセンス』こぶし文庫、二〇〇一年、六三頁。

第6章　和辻哲郎と日本語

和辻神話

和辻哲郎は「日本語で思考するということ」をもっとも大胆に武器にした人物の一人である。また、和辻が多くの日本人の注目を集めてきたのも、彼独自の日本語理解によるところが大きかったものと思われる。たしかに、和辻の「日本語論」とでもいうべきものからヒントを得たに違いないと思わせる例(1)はいくつも見受けられるのだが、和辻の日本語論について明快に語った論考というものに私は出会ったことがない。和辻の日本語論はさまざまな形で利用されることはあっても、それ自体として論じられたことは、ひょっとしたら、一度もなかったのではなかろうか。いずれにしても、和辻は、自分の与り知らない場所で、理論的な根拠として利用されることの多い思想家としても特異な存在である。それだけに、和辻の日本語論を検討することには大きな意義があるだろうと私は考える。

また、和辻による「ハイデガー批判」ということばは一種の流行語をなしているほどで、既成事実として広く流通しているのだが、当該の「批判」についての言説は、私の知る限りでは、和辻によるハイデガー批判という観点から、一方通行的に語られたものが多く、「和辻にはしかじかのハイデガー批判がある。その批判は周知のものである。」といった類いのトートロジックな論法が反復されているばかりなのである。しかし、和辻のハイデガー批判を真剣に受け止めるのであれば、ハイデガーのテクストを参照する作業も同時になすべきではなかろうか。それにまた、和辻がハイデガーをどのように読んだのかという実証的な裏づけを示すことも不可欠なのではなかろうか。和辻による「ハイデガー批判」（ハイデガーの超克）なるものを反復的に唱える言説はますます隆盛だが、それ以前に、そもそも和辻はハイデガーのどのテクストをどのように、そして、たとえば何年間程度読んだのだろうか。本当に和辻は、世上言われているようなハイデガー批判を展開できるほど（しかも邦訳のなかった時期に！）ハイデガーのテクストに馴染んでいたのだろうか。この点で、私はすでに大きな疑いを持つのである。(2)

とりあえず、私は私なりの仕方で、和辻とハイデガーとの比較を試みることにしたい。私としては、もっとも基本的な確認作業を通すことを先決課題と考えるので、和辻神話の源泉である『風土』の中で語られている（ぜんぶ合わせてもほんの数ページ程度の！）ハイデガーへの言及は除外して比較を試みることにする。和辻とハイデガーとの比較において鍵になる語は「人間」と「存在」であると言ってよかろうが、私は和辻の日本語論を「存在」という語を通して検討することにする。そうすることによって、実は、意外にも、和辻が、「存在」という語に関しては、ハイデガーとの「対決」を意識的に避けているという結論に導かれることになるだろう。逆に、いわゆるハイデガー批判なるものがほんとうにあったと仮定した場合には、和辻がまったくハイデガーを理解できなかった（あるいは、ハイデガーの省察についての基本的な知識さえ欠いていた）という結論に導かれるであろう。

あらかじめ予備的な確認をしておこう。和辻哲郎によるハイデガー読解は、三木清の慎ましくも堅実なハイデガー読解に比べて、はるかに大胆である。三木の場合にはハイデガーの講義を受講しており、ハイデガーとの面談の経験もあっただけあって、ハイデガーを読み取る着眼点の的確さが感じられる。一方、和辻の方は、ドイツ滞在中に『存在と時間』を買い求めたということが知られているが、ハイデガーを彼がどのように読んだのかを知るには、彼の著作の中で、分散した形でなされているハイデガーへの言及を通して推測する以外に手はない。三木の場合とはちがって、和辻にはハイデガーについてのまとまった論文が一つもないからである。したがって、和辻のいわゆる「ハイデガー批判」なるものを検討するのは決して楽なことではない。ためしに、次の二つの和辻論を参照してみたら分かるだろう。厳密かつ周到な読みによる和辻批判を展開している酒井直樹氏の「西洋への回帰／東洋への回帰――和辻哲郎の人間学と天皇制」[3]と、ハイデルベルク大学に提出されたドクター論文の邦訳であるH・P・リーダーバッハ氏の『ハイデガーと和辻哲郎』[4]の二つを読めば、和辻読解の困難が想像できるだろう。酒井氏が言うように、「三木を含む他のハイデッガー読解に対決しつつ、和辻はハイデッガー解釈学の強引な読み変えと批判を敢行[5]」しているだろうし、リーダーバッハ氏が繰り返し指摘しているように、[6]和辻のハイデガー読解には看過しえない誤解や曲解が含まれているからである。

私としては、和辻によるハイデガー読解を吟味することの困難を考慮しつつ、次のように目標を絞り込むことにしたい。つまり、和辻の哲学的日本語論を、「存在」と「こと」という二語の検討を通して、しかもハイデガーとの関係において問題にすることにしたい。もちろん、和辻について語る上で絶対に不可欠な概念として、「間」概念（間、人間、間柄という一連の概念である）があるということは承知しているが、これの検討は、次章で社会／共同体の二項対立について語る際に行うことにして、ここでは「存在」と「こと」の二語に限ることにする。使用テクストも、[7]和辻の『人間の学としての倫理学』「日本語と哲学の問題」、それとハイデガーの『形而上学入門』に限ることにする。

ところで、和辻の日本語論について語るにあたって、予め確認しておきたいことがあるので、その作業を先行させることにする。

和辻について語られたテクストを、極度に図式化して言えば、以下の三つの類型に分類できるだろう。ただし、私が考えているのは、論述のスタイルによる類型化のことである。

第一の類型は、和辻のテクストを、大筋においては、「祖述」することに違和感を感じているという印象を与えないテクスト群である。和辻に高い評価を与えている人たちの例に多く見られる類型である。

第二の類型は、和辻を祖述することに大きな抵抗を感じていると見受けられる人々のテクストである。批判的に和辻を論じている人に多い類型である。

第三の類型は、このどちらに分類するのもためらわれるケースである。私はこの類型のなかに森有正と柄谷行人の二人を入れている。そうする理由は次章で語るということをご了承願いたい。この二人は、和辻の哲学的言説には（意識的に）触れていない。にもかかわらず、ある本質的な理由から、和辻と向き合うことは回避しえないと考えている。和辻に対して好意的な読解であるという意味ではないのだが、二人とも和辻に大きな重要性を与えている。そして、両者に共通して認められるのは、和辻自身がとった姿勢とはまったく逆向きに和辻を継承する姿勢である。

祖述を許容する読み

坂部恵氏のテクストを第一類型の範例に選んだのは実は単純な基準に従ったからであり、それ以上の意図があってのことではない。坂部氏にはたまたま和辻の文章の「祖述」（引用）を持って構成したテクストがあるからである。ここで和辻論の著者としても高名な坂部恵氏の『仮面の解釈学』の中の二つのテクストを参照することにする。「欧米語と日本語の論理と思考」（原題）と「あらわれとCopula」である。

前者は、私が本書で掲げているテーマに直に関わる論考であり、まさに啓発的な内容である。一九七二年の時点で、日本語の「論理性」に関する多様な議論に対して、冷静で裏づけのしっかりした議論を展開しているのには敬服させられる。

一方では、佐久間鼎と三上章による省察（日本語文法と論理学とのつき合わせ）の先駆的重要性に注目し、他方では、膠着語である日本語と屈折語である西欧の言語との構造上の対比へと目を開かせてくれた時枝誠記の画期的な考察を取り上げているのだが、この坂部氏の論考は今日においてもその重要性をいささかも減じていないであろう、と私は感じている。ところで、とくに記憶にとどめておきたいのは、次の一点である。坂部氏は、古典的な「形式論理学」ばかりではなく、現代の「記号論理学」からの判断を通して、非常に手堅い論述を展開した後に、次のような重要な見解を示しているのである。

現代の記号論理学の論理を基準としてみるかぎり、欧米語と日本語のどちらがより論理的であるかということは、たとえそこに差があるとしてもいってみれば五十歩百歩のものであり、一方を論理的とし他方を非論理的と一方的にきめつけるほどの決定的な優劣はすくなくとも存しない。(8)

日本語の論理性についての適切な判断を下すためには、この先も長い検証と省察が必要であると私は思うのだが、悲しいことに、日本語と韓国語との比較研究に裏打ちされた「日本語と西欧語との比較研究」などはいまだ生まれてさえいないというのが現状である。その点で、私は、性急な断定を斥ける坂部氏の抑制の利いた冷静な見方に強い共感を覚えるのである。

ところが、この優れた論考の著者が和辻について語りだすと私はとたんについていけなくなる。その理由を簡単に述べてみよう。

そもそも私は「あらわれとCopula」の論述のスタイルそのものに強い抵抗を覚えるのである。長くもない論文の中で、和辻からの「引用」が延々と続くのだが、そのことをどのように受け止めるべきか困惑してしまうのである。

坂部氏の「あらわれとCopula」の第二節は、『倫理学』の序文から二カ所、『人間の学としての倫理学』から三カ所というふうに、和辻の文章の長い引用をベースにして構成されたテクストである。(9) ところで、これは、「存在」という語をめぐる和辻の文章が、そのままの形においても、理解しうるものであるという考えがなければ採用できない論述形式であると私は理解する。ところが、私には、和辻の文章は、引用を通してすんなりと読めるようなものであるとはとうてい思えないのである。

私の意見を簡潔に表明しておこう。坂部氏が引用している和辻の文章の理解がそのままの形で可能であるとみなしうるためには、おそらく、ある一つの条件を飲み込む必要があるだろうと私は思う。その条件とは、すぐあとで確認するように、和辻が暗黙の前提にしているはずの「日本語優位論」（私はこれをアプリオリな西欧超克志向、あるいは超克のための超克願望と呼んでおく）を受け入れるという条件である。なぜなら、私の判断では、そうしない限り、理解の困難な、論理の飛躍に満ちた数多くの断定に悩まされることになるからである。一定の論理の一貫性をそこに読み込むためには、この条件を満たす以外にはないのではないか、と私は疑っているのである。したがって、私としては、坂部氏がこの条件を飲み込んでいると解釈すべきか、それとも、坂部氏がなにかまったく別の読解法を自己流に持っているということなのか、あるいは、祖述可能な文章であると本気で思い込んでいるのか、そのどちらであるかを決めかねて困惑してしまうのである。明敏なる哲学者として知られる坂部氏がこの種の思い込みに陥るはずはないだろうから、三つ目の推測は除外する。ようするに私は、上記の二つの推測を前にして困惑してしまうのである。

祖述を斥ける読み

戸坂潤の和辻批判はよく知られているが、その重要性にもかかわらず、最近ではほとんど取り上げられることがない。ここでは「日本倫理学と人間学」のみを取り上げるが、戸坂のこのテクストは今日においてもいささかも価値を減じていないと言えるほどの第一級の和辻論であると私は受け止めている。次の一節をまず引用しておこう。

和辻氏の新しい立場に立つ倫理学は〔中略〕「人間」に就いても「存在」に就いても、この文義的語義的解釈が欠くことの出来ない唯一の通路をなしている。(10)

この戸坂の指摘には別に誇張はないだろうということをあらかじめ言っておきたい。そのことは、少し先で、和辻のテクストを読む際に、確認することになるだろう。さて、それでは次に、戸坂が和辻による「文義的語義的解釈」の内実をどのようなものとして読み取っているかを二つの引用によって示してみよう。

だが一つ非常に大切な点が残っている。言葉による文義的解釈である以上、解釈される事物はいつも国語の制約下に立たされる。「倫理」も「人間」も「存在」も皆日本語としての夫であって、従って之によって解釈される倫理学そのもの・人間そのもの・存在そのもの・は、単に日本に於ける夫等であるだけでなく、正に日本のを基準にした夫等のものでなければならなくなる。(11)

このように、凡て日本語の云い表わす処は、不思議にも大抵最高の真理なのだ。この不可思議の手品のカラクリについては、併し、同義反覆にすぎぬものとして、さき程説明したばかりである。[12]

ここで言われている「この不可思議の手品のカラクリ」が的確な評言であるとした場合には、和辻の哲学的言説を祖述=引用する読解に対して懐疑的になるのは自然であろう。なぜなら、こうした読解においては、この「手品のカラクリ」に加担しているとまでは言わないにしても、少なくとも、それを許容していると言うべきであろうからである。

以上で、和辻のテクストに対するまさに対極的な二つの読解のスタイルがあるということが確認できたと思う。それでは次に、もっと言語論に密着した議論を参照することにしよう。

翻訳語としての「存在」

「存在」という語をめぐる和辻の解釈を「翻訳語成立」の視点から論じたものに柳父章の論考があることは周知の通りである。『翻訳語成立事情』の「存在」の章で、柳父は、和辻を大きく取り上げているが、その理由を二つ挙げている。一つ目は、「この人が、日本の学者としては珍しく、ことば感覚にすぐれた人だからである」[13]というものであり、もう一つは、英語のbeingの訳語として（また、ドイツ語のSeinの訳語として）「存在」の代わりに、「有」を用いる人もいるが、それは、「おそらく、この和辻の『人間の学としての倫理学』の中にある」提言を受けてのことであろう」[14]という発言が物語っているように、和辻の影響力に重きをおいているからである。

柳父章は冒頭で基本的な確認を次のように明快に述べている。

「存在」ということばは、英語のbeing、ドイツ語のSein、フランス語のêtreなどの訳語として、「存」と「在」とを組み合わせて造られたことばである。[15]

これはだれにも否定できない事実であるはずだが、実は、（あとで確認するように）和辻はこの事実を事実として認めることを拒否するかのような論述を展開しているのである。柳父章がわざわざ和辻を取り上げた理由の一つにはそのことに対する大きな抵抗があっただろうと推測される。しかし、それはともかくとして、柳父章は、『人間の学としての倫理学』の中で確認できる和辻の主張を以下のように要約している。

ところでbeingやSeinなどの西欧語と、「存在」ということばには、重要な違いがある。

being の動詞形 be は、I am. すなわち、私がある、という意味で使われるとともに、I am a boy. すなわち、私は少年である、という意味でも使われる。前者の「がある」は、ふつうに言う「存在する」の意味で、哲学における「存在」論のテーマである。後者の「である」は、連辞 copula であり、主語と述語を結ぶ働きをもつ。これは「人間は動物である」というような文全体の持つ意味として、論理学の問題とされている。be には、この二つの意味があるのだが、「存在する」ということばには、前者の意味だけで、後者の意味はない。

そこで、和辻哲郎は、広い意味での being や Sein の訳語としては、前例で、「がある」「である」と日本語で言ったように、この二つに共通する「ある」、すなわち漢語で「有」という訳語をあてるのがいい、と言う(16)。

こうした和辻の見解に対して、柳父章は以下の三つの留保点(批判点)を提示する。順を追って引用してみよう。第一点は、「存在」と「繫辞(コプラ)」をめぐる和辻の解釈を検討する上で重要な論点をなすものである。

まず、being や Sein などの二つの意味、ふつう言う「存在」と連辞の意味が、日本語では、「がある」ことと「である」ことというように、ともに一つの「ある」で言い表わされる、という意見であるが、「である」という言い方は、実は、being などの西欧語の翻訳の結果として、いわばつくられた日本語なのである。この点で、being や Sein などと、「ある」こととは、やはり重要な違いがある、と言わなければならないと思う。[17]

第二点は、「人間」という語をはじめとして、和辻が常套的技法として駆使した一点への疑問である。

次に、「存」は時間的意味、「在」は場所的意味を持っているので「存在」は、being の、とくに自分自身がある、という意味の翻訳語として適切である、という和辻の意見であるが、「存在」という二字の新造語を造った以上、このような意味の分析はほとんど意味がない、と私は考える。「社会」と「会社」の意味は、「社」や「会」とは、ほとんど関係がない。[18]

第三点は、和辻の技法の中でももっとも大胆な、和辻式語義学（漢語と日本語の両方における語源学的スタイルの混交）への留保である。

次に、和辻の言う「有」という翻訳語について考えよう。ロブシャイドの『英華字典』

にあったように、being の訳語を、もし「在」の一字であてていたならば、ここには、漢語であり日本語でもある「在」の伝来の意味が生きている。「有」の一字の訳語にも、日本語の「ある」の意味は当然生きている。

しかし、「有」と「ある」には重要な違いもまたある。第一に、哲学用語として使われる一字の漢字「有」は名詞だが、「ある」は動詞である。

第二に、「がある」、「である」と使い分けできて、be の意味に近い意味で使えるのは、「ある」であって、「有」ではない。

日本語の「ある」は、とくに名詞化しにくい動詞である。一般に、日本語の動詞は、連用形で名詞化する。読み、量り、伸び、などに見られる通りである。しかし「あり」という名詞形が使われることは、まずない。(19)

日本語の「存在」ということばの語義をめぐる和辻の解釈に対する柳父章の留保は「翻訳語成立事情」の専門家の意見だけあって、和辻の言語論（日本語論）を吟味する上で手助けになってくれる貴重なものである。

以上、和辻の「存在」の規定（定義）についての三つの受容スタイル（坂部恵、戸坂潤、柳父章）を簡略に紹介したわけだが、それでは次に、私自身による和辻のテクストの読みへと移ることにする。

和辻による「存在」の定義を読む

和辻による「存在」の定義（規定）は、『人間の学としての倫理学』の一節〈「存在」という言葉の意味〉の中で、まとまった形で、一見したところ明快に述べられている。しかし、それは外見だけで、実はおそろしく難解な文章である。冒頭の二つのパラグラフを、外国語を読むような姿勢で、逐語訳的に精読することにする。まずは第一段落を引用することから始める。

　存在という言葉が現在Seinの同義語として用いられていることは周知の通りである。しかしかく用いられているにもかかわらず、存在という言葉の意味とSeinという言葉の意味とは相覆うものでない。Seinは主辞と賓辞とを結ぶ繋辞（Copula）であり、したがってロゴスにおいて中心的位置を占める。Seinが論理学の中心問題となったのはそれゆえである。しかるに存在という言葉は繋辞には決してならない。S ist Pを我々は「SはPである」あるいは「SはPなり」と言い現わす。すなわちSとPとを結びつけるのは「である」「なり」等であって「存在」ではない。存在がSeinにあたるのはただいわゆる存在判断の場合のみである。Ich bin は我があるあるいは我存在すと訳することができる。だから判断をすべて存在判断に帰せしめる時にのみ存在が一般に Sein に当たると主張することができる。すなわち「SはPである」とは「SはPとして存在する」との謂《いい》であるとするのである。しかしかくすれば、存在を Sein の同義語とすることはすでに一定の論理的立場を表示することになる。そうしてこのことはまさに存在が Sein の同義語でないということの証拠である。[20]

冒頭の一文を読む

うっかり読み過ごしてしまいそうな文章ではあるが、注意して読むと、この最初の文の中にすでに和辻の戦略的な意図が隠されているのではないか、と疑いたくなる。少なくとも平凡な文であるとは思えない。ためしに、疑問点を列挙してみよう。

疑問点（一）——ここでいう「現在」が、このテクストが構想された[21]一九三一年前後を指すのは明瞭だとしても、以下の二点に関しては、曖昧さがつきまとう。第一に、存在という言葉をいったい誰がザイン（Sein）の同義語とみなしていると和辻は言っているのであろうか。第二に、そもそもザイン（Sein）という言葉を和辻はどういう意味で用いているのだろうか。早々とこの二つの疑問が持ち上がる。

第一点に関しては、「現在までの日本の哲学者たち」を指すと考えて差し支えなかろうと思うが、この中には田辺元や三木清が含まれるとみなすべきだろうか。もしも含まれるのだとしたら、自分はこの二人のような立場はとらないというメッセージが込められていることになるだろう。しかし、すぐあとで確認するように、そもそもハイデガーを含めて議論しているのかどうかがすでに疑問なのである。もしも和辻がハイデガーの「存在」の規定を含ませて論じているのだとしたら、田辺元や三木清のハイデガー読解をも含んだ議論であるとみなすのが自然だろう。ところが、ハイデガーを除外して論じている可能性も高いのである。このことの確認が重要であるということをあらかじめ注意しておきたい。

第二点に関しては、和辻が誰によるザインの規定(定義)を念頭においているのかを定める必要がある。和辻は「周知の通り」であると言っているわけだが、しかし、ドイツ人の誰の規定によるザインを指して言っているのであろうか。第二段落にヘーゲルへの言及があることから、主にヘーゲルを念頭において語っているとみなすべきかもしれないが、もしもそうだとしたら、和辻はハイデガーの『存在と時間』における「存在」の哲学的規定をどのように受け止めているのだろうか。(ヘーゲルあるいはニーチェの批判まで含む)「存在」の定義の脱構築を目指すハイデガーに賛同する立場に立っているのであろうか。あるいはまた、ハイデガーを除外して、ヘーゲルに至るまでのザインについて語っているのだろうか。このことの確認も重要なポイントになるだろう。

疑問点（二）――以上の曖昧さに加えて、次の曖昧さが加わる。いったい「Sein の同義語」としての「存在」とは何を指すのだろうか。そもそも「同義語」とはどういう意味で使われているのだろうか。ザインと同じものではないが、語義的にほぼ同じ言葉という意味なのだろうか。それとも、原則上ザインと同じものを指すはずの翻訳語としての「存在」という意味で言っているのだろうか。もしも後者であるとすれば、「同義語」ということばは適当ではない。私の推測では、和辻は冒頭の一行によって、おそらく、次のように言っているのである。「現在、我が国では、存在という言葉を Sein の翻訳語に当てているが、日本語の存在という言葉は Sein にぴったりと対応した言葉とは言えないのであり、その意味では、存在を Sein の同義語とみなすことには大きな問題がある」と。

私の読みが間違っていない場合には、以下の推測が成り立つだろう。

和辻は、一方では、「存在」をザインというドイツ語の翻訳語であるとみなしつつ、それと同時に、その現実を斥けている。つまり、ドイツ語の「ザイン」に拮抗するものとして、日本語の「存在」を位置づけている。言いかえれば、日本語の「存在」とドイツ語の「ザイン」とを、同一平面に置いて議論しようとしている。つまり、言ってみれば、ギリシア起源の西欧の形而上学の歴史を一挙に相対化させる一種の「普遍主義」の地平に身をおいて議論しているのである。さもなければ、ドイツ語のザインと日本語の存在との優劣を問うという姿勢が出てくるはずがないだろう。このように、ここには、和辻の驚くべき超克願望の表明があると言うべきだろう。そして、その超克願望はパルメニデス以来の西欧の二千五百年にわたる哲学の歴史を一挙に相対化してしまう類いの願望であろう。戸坂潤が鋭く指摘したように、和辻の「文義学語義学」はこうした超克志向が要請する「切り札」(手品のような日本語優位論)を目立たない形で、ときおり、取り出してみせるのである。

日本語の内部において、理想的「X」(「Sein」という語に入れ替わるべき理想のコトバX、和辻によれば、「有」ということになろうが)にふさわしいことばとは、「存在」であろうか「有」であろうかという議論を展開していると見るべきであろう。いわば、ドイツ語のSein劣等論、日本語の「有」優越論を一見理詰めに見える言説の下に展開しているのである。言うまでもないと思うが、こういう姿勢からはハイデガーとの対決はおろか、対話さえ出てくるはずがないのは当然である。しかし、問題は、和辻のこの日本語優位論が理論的な説得力を持つかどうかである。

第一段落の全体を読む

それでは、私の以上の推測が間違っていないかどうかを、第一段落の全体の読みを通して確認してみることにしたい。

(1)まず、「存在」という言葉は、柳父章が言うように、翻訳語なのであるが、実は、同じことを「繫辞（コプラ）」という言葉についても言わなければならないのである。なぜなら、和辻自身が「元来シナ語は繫辞の Sein に当たる言葉を有しないのである」[22]と言っているように、中国語に繫辞に当たる語がないということに加え、日本語にもないからである。したがって、原則的には、ニーチェが指摘したように、哲学上の厳密な議論をするためには、屈折語（ヨーロッパの主要哲学言語）と膠着語である日本語との根本的な差異を前提にすることは不可欠の必要条件なのである。したがってまた、「日本語において繫辞にあたる言葉あるいは表現は何か？」という問いが立てられるのでなければならないはずである。ところが、和辻はそれを飛ばして議論しているのである。先に言ったように、一挙に普遍主義（もちろん、和辻にとっての、という限定を付さないと意味をなさないが）の立場に身を置いて議論しているからである。

（2）和辻は、アリストテレス以来の西洋の哲学史を数行で暴力的に圧縮して議論している。こうした荒っぽい議論においては、ハイデガーが『存在と時間』とりわけ『形而上学入門』で展開している「存在の問い」は一挙に消し飛んでしまう。その意味では、和辻はハイデガーとの対話の可能性をはじめから断ち切るような姿勢をとっていると見なさざるを得ない。そして、この一点は、「和辻のハイデガー批判」という日本における神話的言説の実質を吟味する上で非常に重要なものである。

（3）さらに付け加えれば、細かく見ると理解に苦しむ、論証の裏付けを欠いた断定がいくつも含まれている。なかでもすさまじいのは、〈ドイツ語のザインは繋辞（コプラ）である〉というふうに、ザインは、繋辞と同定されてしまうのである。しかし、言うまでもなく、ザインはザインであり繋辞は繋辞である。ザインと繋辞を等号で繋ぐことは不可能である（しかも、驚いたことに、和辻はドイツ語の名詞としての Sein と動詞としての sein の区別を一貫して飛ばして議論しているのである！）。

もちろん、和辻は、ドイツ語では（つまりヘーゲルなどにおいては）、ザインは繋辞と同一視されてしまう（傾きがある）ということが言いたかったのであろう。言い方が乱暴すぎると言って大目に見てもいいのかもしれないが（だいいち、そうでもしないと和辻の哲学的言説を読み続けることは不可能だろうと私は思うのだが）、しかし、そんな悠長なことを言っておれないほど和辻には常軌を逸している面があるのである。たとえば、和辻は、わざわざ文全体に傍点を付してこう言っている。「しかるに存在という言葉は繋辞には決してならない」と。

しかし、和辻は単に次のことを無視している（忘れている）にすぎない。和辻の断言にもかかわらず、そもそもドイツ語の「ザイン」は、「ザイン」という語形においては、繋辞にはなりえないのである。さらに、ザインの翻訳語である日本語の「存在」もまた、「存在」という語形のままでは、繋辞になりえないのである。「S Sein P」などというドイツ語の表現はありえない。ちょうど、「S（ハ）P存在する」という日本語の表現があり得ないのとまったく同じことである。このように和辻の文章は、「祖述」を許容するという立場に立って読んだ場合には、自動的に和辻自身が仕掛けた「解釈学（改釈学＝手品）」を容認することになってしまう恐れが大きいのである。

実を言えば、他にも奇妙な点があるのだが[23]、この辺りで切り上げて、第二段落の読みに移ることにする。

第二段落を読む

繋辞としての意味を含むSeinの訳語としては、我々が繋辞として用いつつある言葉、すなわち「である」「なり」などの根幹をなせる「あり」を選ぶべきであった。それは名詞として使われることのまれな言葉ではあるが、しかし「ありのまま」というごとき用法においては現在なお生きて用いられている。しかもこの「あり」は繋辞的用法においては「である」「なり」等となり、事実のexistentiaを現わす場合には「がある」「あり」の形を取る。したがって繋辞的Seinを問題とすることは「である」を問題とすることであり、思惟に対立するSeinを問題とすることは「がある」を問題とすることである。かく「あり」という言葉自身が二つの方向に分化していることは、かかる分化を示さないSeinよりもかえって優れているといってよい。Seinの問題が単に論理学の問題とせられたがためにオントロギーの問題としての本来の意義を失ったとか、ヘーゲルが論理学の中へオントロギーの問題を回復したとか、と論ぜられるのは、みな、Sein が分化しておらないからである。論理学は「である」を取り扱いオントロギーは「がある」を取り扱う、しかも両者は根源的な「あり」にもとづいている。だからこの根源的な「あり」を取り扱う基礎的オントロギーがなくてはならぬ。かく言い換えれば問題は一応明白となるように思われる。[24]

この文章もまた非常に難解であり、読解は楽ではないのだが、いくつか確認できることを列挙してみよう。

（1）和辻が用いている「基礎的オントロギー」という表現は『存在と時間』の「基礎（的）存在論[25]」という表現を念頭においているだろうから、ハイデガーを念頭において議論していると推測できるだろうが、ここで注意すべきなのは、和辻が慎重に、ハイデガーへの言及を避けているということである。あるいは、ハイデガーの存在の問いにおける中心的な論点についてまったく無知であったと言うべきかもしれない。少なくとも、ハイデガーが『形而上学入門』（一九三五年冬学期の講義）の中で展開している「存在」についての省察に近いと思わせるものをなんら認めることができないからである。

和辻の議論の特徴は、一方では、ドイツ語の「ザイン」と日本語の「存在」との比較、他方では、日本語の「ある」「存在」「有」の比較を議論のベースにしていることにある。これは、実は、ハイデガーにおける「存在（ザイン）」の規定の仕方とは驚くほど隔たったものである。ハイデガーの「ザインという語の文法と語源学とによせて」[26]の論述と比較すれば一目瞭然だが、ハイデガーがとりあげた論点はほとんど見られない。しかし、そのことの確認もさることながら、和辻が論拠にしているものが何であるかを、この第二段落を通して、まずは確認しておこう。私の読みによれば、和辻の主張は以下のように列挙（要約）できる。

（1）和辻によれば、ドイツ語の「ザイン」の場合には、ザインという名詞を語幹に持つ動詞（あるとすれば「ザインする」とでもいった動詞形を和辻は想定しているにちがいない）が存在しないのだから、名詞のザインに語形的に繫がっている動詞がない。その意味では、ザインと（ザインを語幹に持つ）動詞形との間には（それが存在しないのだから）断絶があることになる。ところが、日本語の「存在」の場合には、「存在」は「存在する」という動詞形へと繫がりうる、とされる。つまり、ドイツ語においては、日本語の「存在する」という語形に対応するものは、「ザイン」という動詞の活用形をなすもの、たとえば（Ich bin）の bin（ある、または、存在する）であるほかはない、とされる。

（2）ドイツ語の「ザイン」は、「ザインである」、「ザインなり」、といった動詞の語形の派生体を持ち得ないが、日本語の「ある」は、「がある」「である」「なり」といった語形の「根幹」

をなすものであるから、断絶がない。このような趣旨のことを和辻は述べている。

（3）こうして和辻は、次の結論を導き出す。「かく〈あり〉という言葉自身が二つの方向に分化していることは、かかる分化を示さないSeinよりもかえって優れていると言ってよい。」。和辻の日本語優位論は、実は、この点を論拠にしたものだったのである。

（4）こうして、私たちは、先に見た冒頭の一文（「存在という言葉が現在Seinの同義語として用いられていることは周知の通りである」）に込められたニュアンスが、ようやく曖昧さなしに、つかめることになるのである。「周知の通りである」と考えている人たちは肝心のことをまったく理解していない、というメッセージだったことが納得できるのである。

以上によって明らかになったと思うが、和辻の「存在」をめぐる論述は、祖述するスタイルを許すような生易しいものではない。和辻が仕掛けた戦略が確実に組み込まれているからである。それだけに、和辻の言説の読解は、一筋縄ではいかないのだが（たとえば、戸坂潤がとったような慎重な態度が必要なのだが）、困難はそればかりではない。この困難に拍車をかけているのが理論的な混乱なのである。そのことに一言しておこう。

上記の（1）から（4）までの和辻の主張は、おそらく、そのもっとも根本的なレベルにおいて冷静さを欠いているのである。和辻は、おそらく、本人が自覚できないままに、踏み越えてはならないような妄想に身を任せてしまったのである。和辻は「日本語優位論」の夢想に酔って、驚くべき断定に向けて一線を踏み越えてしまっていることに気づかなかったのだと思われる。その一線の踏み越えとは以下の二点を「日本語優位論」の理論的根拠とすることであった。

第一の論拠——ドイツ語のザインは、ドイツ語の動詞の活用形を通さない限り、現実的な文における動詞との繋がりを持ち得ない。逆に、日本語においては、「存在」あるいは「ある」は、「Xハ存在する」「Xハある」「XハYである」という形で、繋がり得る。ところで、この和辻の主張は、論理的には、以下の主張を含んでいると見なさざるをえないものである。つまり、日本語にはドイツ語のような動詞の活用がないだけ、それだけ優れているという無自覚な（ハイデガーが聞いたら仰天するだろうような）肯定を含んでいるのである。なぜなら、ドイツ語においては、存在論的レベルでは動詞は「活用形」（さっき見たように、たとえば、Ich bin. の bin, つまり「私はある」の「ある（bin）」）であるほかはないと和辻自身が公然と述べているのだから。これでは、まさに、膠着語の日本語が屈折語のドイツ語よりも哲学言語として優れている、という主張まで、あと一歩であろう。

第二の論拠——日本語の（「である」「なり」などの根幹をなせる）「あり」は、繫辞的用法（「である」「なり」など）と存在論的用法（「がある」「ある」）の「二つの方向に分化している」。

以上の確認をなしたところで、それでは次に、この和辻の途轍もなく野心的な推論が理論的に根拠のあるものであるかどうかを、最終段階として、検討することにしよう。しかし、ここであらかじめ和辻の上記の論述が、ハイデガーの「存在の問い」の論述といかに異質なものであるかを端的に語ってくれる一節を引用してみよう。上記の和辻の「第一の論拠」が、ここに引用するハイデガーによる「ザインという語の文法」に関する総括的論述を馬鹿にし切ったものであることに思い至って、おもわず和辻の立場に身を置いて顔を赤らめてしまう、という思いをするのは私だけではないだろう。

　すなわち要約すると次のようになる。われわれは「存在《ザイン》」という動名詞を不定法から理解するのだが、この不定法はいつも「ある《イスト》」と、それのいま述べた多様性とに関連している。つまりこの場合、特定の一動詞形「ある《イスト》」、すなわち直接法現在三人称単数の形が優位を占めている。われわれは「存在《ザイン》」を、「汝はある《ビスト》」、「汝らはある《ザイト》」、「私はある《ビン》」あるいは「彼らはあろう《ヴェーレン》」などとの関係においては理解しはしない。これらもみな「ある《イスト》」と同じように「存在《ザイン》」の動詞的変化形には違いないのだが。「ある《ザイン》」は、われわれにとっては「ある《イスト》」の不定法なのである。逆に言えば、われわれは、まるでそれ以外の仕方が不可能であるかのように、知らず知らずのうちに「ある《ザイン》」という不定法を「ある《イスト》」から明らかにするのである。(27)

私は、最後に、きたるべき和辻の読解に向けて、和辻自身が乗り越えるべきであったと思われるいくつかのハードルを確認しておきたい。というのは、和辻の論述から幾つかの混乱と西洋／東洋のヘゲモニー史観とを取り除いたら、ハイデガーの「存在の問い」との生産的な対比（接近）がある程度可能になるだろうと思うからである。また、和辻の日本語論は、日本語がどういう言語であるのかを理解させてくれる多くの示唆を含んでいると思うのである。先駆的な試みがおうおうにして混乱を抱え込むことになるのはやむを得ない。和辻による先駆的な功績に積極的な意味を与えていくためには、和辻によるハイデガー批判あるいはハイデガーの超克などという戦利品（自己満足）には見切りをつけて、和辻自身が何を乗り越えるべきであったのかを探る作業へと向うべきであろう。

和辻哲郎の日本語論が抱えている問題点

和辻哲郎の日本語論に秘められた可能性を探る方向に進むためには、いくつかの確認が必要であろう。最後に、私の思いつく範囲で、二つばかり肝要と思われる点を指摘してみたい。

「日本語における繫辞」の問いに向けて

実は、三上章もまた、和辻哲郎同様に、「ある」という動詞に高い重要性を認めており、それを次のように述べている。

「ある」は最も重要な動詞である。次の五項目の考察が必要である。
（1）率直に存在を表わす。
（2）存在命題を明示する。
（3）別形で措定を表わす。
（4）否定は形容詞「ない」
（5）相棒の「いる」(28)

さて、和辻と三上の根本的な不一致点だけに注目すると、それは以下のように要約できるだろう。

前章（一七四頁）で述べたように、三上によれば日本語で繫辞（コプラ）に当たるものは「ハ」であって、和辻がそう思い込んだのとは逆に、「デアル」は、三上によれば、繫辞（コプラ）に当たるものとは言えない。三上の観点から言えば、和辻は日本語の「デアル」という表現を言語論的に厳密に位置づけることに失敗しているのである。私の見るところでは、和辻の日本語論のほとんど致命的な弱点とも言うべきものがこれである。この弱点のせいで、和辻の「存在」をめぐる論述は不可避的な混乱を余儀なくされていたはずなのである。和辻の日本語論を生産的に読むためにはこの点だけは絶対に正視する必要があるだろう。それでは、この致命的な弱点とはどういう事態のことを指すのだろうか。この問いへの答を得るヒントを、三上の次の一節に見出すことができるだろう。

日本語でも、判断（措定）を表わす述語（いわゆる指定の助動詞）は、存在のアリやアルに由来するのであるが、早くから別形を発達させていることは次の通り。

存在　アリ　ある　あります
措定　ナリ　だ　です

デアルはかえってあとからこしらえた文章（書き言葉）専用の語形である。だから、語感まで正しく表わすには、デアルでなく、ダ止めかデス止めにしなければならない。(29)

三上がここで「である」を除外していることに注意していただきたい（柳父章もまた、「である」

の由来を翻訳語成立の過程の中に確認すべきであると言っている)[30]。ここで三上はある決定的なことに気づかせてくれる。和辻の「存在」の定義における最も根本的な混乱の原因は、日本語の「である」という語形についての言語論的知識を欠いたことにあるのである。日本語における「存在」と「措定」の差異を論ずるためには、一つの重要な条件を満たさないといけない。それは、一方では、日本語の文語的表現における、他方では、現代日本語における、存在と措定の語形を厳密に確定した上で必要な「ことば」を範例として選定するという条件である。この範例の「選定」を和辻は誤ったのである。簡単に言えば、三上の言うように、「デ＋アリ」ないし「デ＋アル」に由来する「デアル」と「ダ」の中で、後者を選ぶべきだったのである。ただし、和辻は、それを知っていたとしても、そうはしたくなかったはずである。なぜなら、「デアル」を「ダ」で置き換えるということは、和辻の「存在」(「有」)の語源学的構想そのものが根底から崩れてしまいかねないからである。「である」を「だ」で置き換えた場合には、和辻の切り札であるとも言える次の文に修正をほどこさないといけなくなるからである。その文をもう一度引用しておこう。

繫辞としての意味を含むSeinの訳語としては、我々が繫辞として用いつつある言葉、すなわち「である」「なり」などの根幹をなせる「あり」を選ぶべきであった[31]。

それでは次に、和辻の理論がどこで決定的な誤りを犯しているかについて簡単に確認をしておこう。

和辻が不注意であったのは、日本語の古文形（文語形）と現代語形の区別を曖昧にしたことにあるのは明らかだが、それだけならまだ問題は軽かったと言える。和辻の理論的弱点は、実は、語彙論的レベルと構文論的レベルを混同したことにあるのである。

まず、「措定」の語形は、文語形／現代語形という区分においては、ナリ／デアル（あるいはナリ／ダ）となり、現代語形においては、さらに談話体／文章体の区分として、ダ／デアルとなる（三上の言うように「デアル」は談話体には、ほとんど用いられない）。このように「デアル」の位置を確定するのはあんがい難しい。そのこともあって、和辻は「である」の位置づけを正確になしえなかったものと思われる。

しかし、そこに問題の核心があるわけではない。致命的な誤りは、語彙の選択のレベルにではなく、文法論のレベルにあるのである。その意味では、和辻の語源学的理論の破綻というのではなく、もっと単純に、和辻が日本語文法の肝心な知識を欠いていたことによる破綻が問題なのである。和辻が、「である」を範例となる語形の一つとして選んだのはまだいいとしても、「である」と「がある」を同一レベルに置いたことは致命的な誤りであったのである。なぜなら、前者は語彙レベルにあり、後者は構文論のレベルにあり、二つのレベルを混同して論ずることは論外だからである。実は、結論としては拍子抜けになるだろうが、この二つのレベルの混同によって、和辻の「有」論（存在の規定）の根本そのものに誤りがあったと言わなければならないのである。「である」（措定）と「ある」（存在）の比較はできる。しかし、「XはYである」（である）と「Xがある」（がある）とを語彙レベルで比較し得ると考えるのはあまりにも稚拙な誤りであると言うほかはない。

和辻の日本語論はたしかに多くの示唆を与えてくれるものではあろう。しかし、この種の信じ難い誤りも含まれていることを忘れてはならないだろう。

和辻とハイデガーが出会う地点へ向けて

和辻哲郎の日本語論としてもっともまとまったテクストである「日本語と哲学の問題」の中で和辻が精力的に論じている「こと」という語（概念）に注目してみたい(32)。私が注目したいのは次の一点である。和辻による「存在」「有」「ある」をめぐる省察に関して、このテクストにおける和辻の論述は、さきに見た『人間の学としての倫理学』における論述よりも正確であるという印象を与える。その理由は、おそらく、このテクストにおいては和辻は「存在についての問い」を、日本語の「存在」という語に一定の距離を保つ形で、「ある」という動詞と「あるということ」という日本語の表現との間にある言語論的関係への問いをテーマにしているからである。

おそらくハイデガーの向こうを張るという気持ちがあってのことだと思うのだが、和辻はこの独自な日本語論の中で、ハイデガーの論述のスタイルを彷彿とさせるような仕方で、次のような形の問いを定位している。

我々はこの思索を直ちに哲学の根本問題に結びつける。そしてそれを日本語によって問うてみる。「あるということはどういうことであるか。」[33]

ここで想起すべきなのは、ハイデガーにおける「存在の問い」における一つの核心部を占める文法論的視点である。ハイデガーもまた、和辻に近い仕方で、「存在（ザイン）」の問いをドイツの動詞の sein（ザイン）と、それの名詞化された形、つまり「動名詞」[34]としての Sein との関係を問う形で行っているのである。ところで、その際にハイデガーがとりわけ注目しているのが（小文字で表記される）ドイツ語の sein という動詞の「不定法」についてであり、一方では不定法と活用形との関係、他方では、不定法と動名詞との関係を考究しているのである。ここでハイデガーの不定法についての一節を引用してみよう。

それゆえわれわれは「存在」という語はどうなっているのか？と問う。われわれはこの問いに対して、この語の文法に通ずる方法と、この語の語源に通ずる方法との二つの方法で答えた。「存在」という語の二通りの論究の成果をここに要約しておこう。

（一）この語の語形の文法的考察の成果。不定法においてはこの語のいろいろな特定の意味様式はもはや問題にならない。それらは抹消されている。名詞化がこの抹消を完全に固定し、対象化する。この語は何か不特定な曖昧なものを名指す一つの名称になる。(35)

和辻がハイデガーに接近するのは、以下の点である。

先に見た和辻の「存在」をめぐる論述において重要だった一点は、存在の意味は本質的には動詞的なものとして捉えるべきなのに、ザインという名詞を通して存在の意味を問うことによって、存在の肝心の次元（審級）を取り逃がすことになるというのが和辻が言わんとしている中心的論点であった。その点では和辻とハイデガーは非常に接近している。ということは、逆に言うと、和辻は、ハイデガーが『形而上学入門』の第二章の中で展開している論究を想像することさえできなかったにもかかわらず、ある核心を射抜く直感力はそなえていたということである。和辻が掲げた目標を「日本語を通して西洋の形而上学＝存在論の限界を突破しうるとしたらそれは何か」というふうに言いうるとしたら、そこにあるもっとも重要なポイントは、まさに日本語の「こと」に注目することだったのである（このことがいかに大きな刺激を与えることになったかについては注（1）を参照願いたい）。

この「コト」についての省察には、ハイデガーの『形而上学入門』における「不定法」についてのハイデガーの省察と交差するなにものかがあることは確かである。詳しい検討は別の機会に行うしかないのだが、ここでは両者の比較を可能にさせるはずの一種のアナロジーについて一言しておこう。

まず、ハイデガーは、sein というドイツ語の動詞の「不定法」（ハイデガーが言うように「ドイツ語では不定法は動詞の呼称形である[36]」）と、その名詞化における「存在 Sein」、それと「存在者 Seindes」という三元の構図で存在について論じている。これを、日本語とのアナロジーで考えたら、日本語における、「動詞の辞書形」「動詞のコト形」「動詞の名詞形」の三元の構図を想定しうると私は考える。これは、和辻的な観点からすれば、「ある」「あるコト」「有（存在）」の三元の構図になるだろう。このように、和辻のもっともまとまった、もっともラディカルな、そして後世にもっとも強力な影響力を及ぼし続けているはずの「日本語と哲学の問題」という論考（日本語論）は、本居宣長の言語論に遡行させる戦略[37]を明瞭に抱え込みながら、ハイデガーとの比較へと私たちを誘い込んでいるように思えるのである。

ハイデガーによる、ドイツ語のザイン（Sein）をめぐる問い、それに近いものを、和辻が、日本語において、独自に省察していたということは言いうるだろう。そして、和辻は、ハイデガーがテーマにした存在忘却の核心部を直感的に洞察する力はたしかに持っていただろう。

以上で、はなはだ不十分ながら、「存在」をめぐる省察における和辻とハイデガーの対比に関しては基本的なことは確認できたと思う。残された課題は二つある。（1）ハイデガーの「現存在（ダーザイン）」と和辻の「人間」との比較を検討することである。しかし、これは言語論の枠を大きくはみ出すテーマなので、次章で社会／共同体の二項対立について語る際に、間接的に、この比較をも取り上げることにしたい。（2）しかし、和辻に関しては、なんといっても、森有正が独自の形で和辻を「日本語論」の枠の中で継承している点を検討することが課題として残されている。森有正は、「日本語とはどんな言語であるか？」についての省察における決定的に重要なヒントを和辻の『倫理学』の中に読み取っているからである。

注

（1）坂部恵氏に和辻の生産的継承とも言うべき多くの刺激的な論考があるのは周知のことであろう。また、廣松渉氏は、「事的」という独自の概念の形成において和辻の「こと」についての考察から重要なヒントを得たと思われる。和辻のいう「こと」を（実体の第一次性に対する関係の第一次性の顕揚という意味で）出来事的・関係論的次元としてとらえ、その頽落した様態を「物象化」という事態としてとらえているであろう。ところで、和辻の「こと」についての論考をもっとも大胆に武器にしているのは木村敏氏であろう。ただし、木村氏による「こと／もの」の二項対立は、和辻の日本語論におけるそれよりもはるかにラディカルであり、より恣意的であると私は見ている。木村敏氏は、「こと」としての分裂病の構想の中で、「もの＝名詞」「こと＝動詞」という図式を考えているが（柄谷行人『シンポジウム』思潮社、一九八九年、七五頁参照）、和辻の「日本語と哲学の問題」（本稿の末尾で言及）を読む限りでは、「こと＝動詞」という規定はかなり疑わしい。また、「もの」と「こと」だけを取りだして比較するのは問題だと思う。簡単に言えばこういうことである。つまり、木村氏の考察の中では奇妙なことに次の点が無視されることになるのである。「こと」もまた、木村氏の想定とは逆に、言語論的には、名詞的なのである。「食べる」「ある」という動詞を例にとってみよう。以下のような三段階が問われるはずである。つまり、〈食べる〉に関しては、「食べる」・「食べること」・「食事」（食べるの名詞形）、そして、〈ある〉に関しては、「ある」・「あること」・「在（有）」（あるの名詞形）という三段階（三次元）が問題になるだろう。そして、その場合には、「食べること」「あること」も「食事」・「在（存在）」も、両方とも「食べる」という動詞に比べて「名詞的」であると言えるだろう。ハイデガーが『形而上学入門』の中で述べているような意味においては、「食べる」という動詞の名詞化したもの（「動名詞」）に当たるはずのものは、「食べること」ということになると思う。動詞の「ある」についても原則上同じことが言えるだろう。「ある」「あること」「在（有）」という三次元が問題になるだろう。ところが、木村敏氏は「こと／もの」の二項対立ばかりを取りあげており、その意味では和辻の「こと」論を自己流に消化したものと言えるだろう。

和辻の「こと」論がどのていど言語論的に厳密であるか少しも議論されないまま、木村氏は、和辻の言語論を独自のやりかたで精神病理学に適用させてしまうのであるが、その際、和辻の言語論は、言語論としては、決して吟味されることがないのである。和辻から便利な着想を得たらそれで十分だったということだろう。

ここで一つ木村氏に疑問を提示しておきたい。木村氏はまったく関心を示していないが、「こと」という日本語と対をなすものは「もの」ではないのである。（Ch. Bally の用語を用いて言えば、）「こと」（dictum）と対をなすものは「ムウド」（modus）なのである。注意すべきなのは、和辻を理論的な後ろ盾に使っている木村氏の用語法が、和辻のそれに比べてさらに奔放で恣意的なものに思えることである。こうして和辻神話は神話のまま存続し続けることになるのである。木村敏や廣松渉によって和辻言語論の科学性が間接的に認定されたとでもいうような形で。しかし、この点に関しては、もちろん、機会をあらためて論ずる必要がある。木村敏について次章で語ることにする。

（2）世界的なハイデガー研究者でもあったデリダやラクー＝ラバルトなら、ハイデガー批判がどんな努力を要求するかを知り抜いていたはずだから、和辻による「ハイデガー批判」なるものを簡単に受け入れたはずはないと私はつい想像してしまう。彼らのハイデガー批判のことを考えてしまうからである。驚くほど長い時間をかけた批判なのである。

（3）酒井直樹『日本思想という問題――翻訳と主体』岩波書店、一九九七年、七九―一四一頁。

（4）H・P・リーダーバッハ『ハイデガーと和辻哲郎』新書館、二〇〇六年。

（5）酒井直樹『日本思想という問題――翻訳と主体』前掲書、八七頁。

（6）H・P・リーダーバッハ『ハイデガーと和辻哲郎』前掲書、一二八―一三〇頁、一三五頁など参照。

（7）便宜上、この二つのテクストが一巻の中に収められている次の版を使用する。和辻哲郎

『人間存在の倫理学』京都哲学撰書第八巻、燈影社、二〇〇〇年。
(8) 坂部恵『仮面の解釈学』東京大学出版会、一九七六年、一四〇頁。
(9) 同右、五三―五八頁参照。
(10) 戸坂潤『日本イデオロギー論』「日本倫理学と人間学」岩波文庫、一九七七年、一五五頁。
(11) 同右、一五八―一五九頁。
(12) 同右、一六一頁。
(13) 柳父章『翻訳語成立事情』岩波新書、一九八二年、一一三頁。
(14) 同右、一一三頁。
(15) 同右、一〇九頁。
(16) 同右、一一二頁。
(17) 同右、一一四頁。
(18) 同右、一一六頁。
(19) 同右、一一七頁。
(20) 和辻哲郎『人間存在の倫理学』前掲書、三〇頁。
(21) 同右、二九四頁参照。
(22) 和辻哲郎『人間存在の倫理学』前掲書、三一頁。
(23) ここで和辻があげている存在判断の例(「我があるあるいは我存在す」)は、普通なら「我ハある」、「我ハ存在す」という形で問題にするはずである。また、和辻の推論は逆立ちしているように思われる。和辻は、存在判断においては「SはPである」を「SはPとして存在する」とみなすのだと言うのだが、実際には、存在判断も、判断(命題)である限りは、三上の言う日本語のコプラに当たる「ハ」を含む形で、つまり、主辞(S)・繫辞・賓辞(P)の形に変換して問題にするのが形式論理学の慣例なのである。しかも、「我はある。」は、慣例によれば、「我は存在者である。」ないしは「存在するのは我である。」という繋辞を含む「SはPである」という形の命題に変形するのが普通だと思う。

(24) 和辻哲郎『人間存在の倫理学』前掲書、三二頁。

(25) マルティン・ハイデッガー『存在と時間』細谷貞雄訳、ちくま学芸文庫上巻、一九九四年、五〇頁。

(26) マルティン・ハイデッガー『形而上学入門』川原栄峰訳、平凡社ライブラリー、一九九四年、九二―一二六頁。

(27) 同右、一五四―一五五頁。

(28) 三上章『日本語の論理』くろしお出版（新装版）、二〇〇二年、四二頁。

(29) 同右、四五―四六頁。

(30) 柳父章『翻訳語成立事情』前掲書、一一四―一一五頁。

(31) 和辻哲郎『人間存在の倫理学』前掲書、三〇頁。

(32) 同右、二〇八頁から二三八頁にわたって「こと」についての省察が展開されている。

(33) 同右、二〇七頁。

(34) マルティン・ハイデッガー『形而上学入門』前掲書、九七頁参照。

(35) 同右、一二五―一二六頁。

(36) 同右、一一五頁。

(37) この和辻のテクストが木村敏や廣松渉における「もの・こと・ことば」（これは廣松渉著作集第一巻、岩波書店、一九九六年の後半部に収められた廣松の著作のタイトルでもある）への省察の源泉であることは疑いない。同時にまた、宣長「事（出来事）・言（言葉）」を念頭においていると見て間違いない。

第7章 日本的自然について語る二つの道筋

「日本的自然」をめぐる対立

和辻を前二者〔宣長と西田〕に並べて取り上げるのをいぶかる人も多いだろうが、彼が現在も与え続けている思想上の効果という点では無視しえない人物であることは疑いない。とくに和辻が西田と結合されて問題になるときには、日本の思想の非常に強力な一つの潮流の源泉に位置づけられうるはずである。私の念頭にあるのは、和辻を源泉の一つとして、西田に結びつく流れ、和辻哲郎・廣松渉・木村敏・小林敏明といった人たちの線である。「間」概念を駆使する人々という意味で、これをとりあえず「あいだ学派」と呼んでおく。この学派は、ハイデガー、デリダ、レヴィナスなどを大胆に取り込みつつ、独自な仕方で語源学的手法を駆使して、日本語で思考することの可能性（チャンス）を大胆に探る人々である。(1)

私は第一章の冒頭で以上のように述べたが、今回は、木村敏の日本語論を中心に取り上げることにする。和辻哲郎以後に、日本語で思考することを最も大胆に実践している人物の一人だと思えるからである。また、木村敏を選ぶことにしたのは、彼の日本語論を検討することによって、なぜ私が本書で、宣長、西田、和辻の三人に注目することにしたのかという点への間接的な返答になるだろうと考えたからでもある。また、なによりも、木村敏の日本語論の中に、存在、自然、他者、社会・共同体といった重要なテーマが、複雑に絡み合った形で、集約されているからである。

どれ一つとってみても、まるまる一章を当てたとしても手にあまるようなものばかりである。そこで、(一)「二つの〈あいだ〉概念」、(二)「日本的自然についての二つの見方」というふうに考察の的を絞ることにする。(一)に関しては、木村敏の掲げる視点と、森有正のそれとの際立ったコントラストに注目し、(二)に関しては、木村敏(と竹内整一)による「日本的自然」の規定の仕方と、寺尾五郎、柄谷行人によるそれとのコントラストに注目してみたい。

さて、以上の二点を扱う際の鍵になるのは次の三つの概念である。

(1)「こと」と「もの」の二項対立における「こと」概念。

(2)「おのずから」と「みずから」の二項対立における「おのずから」概念。

(3)「〈こと〉と〈もの〉とのあいだ」、「〈おのずから〉と〈みずから〉とのあいだ」という形で問われる「あいだ」概念である。

これら三つの概念は、おそらく、「日本的自然」という包括的なテーマの枢要な構成要素をなすものでもある。

ところで、木村敏が、独自の「あいだ」論を展開するにあたって、理論的に依拠している人物は、「日本的自然」というテーマの観点から見た場合には、年代順に並べると、親鸞、本居宣長、西田幾多郎、九鬼周造、和辻哲郎、廣松渉、小林敏明といった人たちである。ここに加えるべき人物があるとすれば、その理論的影響力という点からいって、やはり丸山眞男ということになるだろう。

こうした見方が的外れでないことは、竹内整一氏の興味深い著書『〈おのずから〉と〈みずから〉――日本思想の基層』を参照することによってある程度確認しうるように思われる。竹内氏が、自説の裏付けとして冒頭で援用している西田幾多郎と九鬼周造の引用を一部拝借することにする。共に一九三七年という日付を持つ、かなりよく知られた文章である。

私は日本文化の特色と云ふのは、主体から環境へと云ふ方向に於て何処までも自己自身を否定して物となる、物となって見、物となって行ふと云ふにあるのではないかと思ふ。己を空うして物を見る、自己が物の中に没する、無心とか自然法爾《じねんほうに》とか云ふことが、我々日本人の強い憧憬の境地であると思ふ。(2)

日本の道徳の理想にはおのづ《ママ》からな自然ということが大きい意味を有《も》つてゐる。殊更らしいことを嫌っておのづからなところを尊ぶのである。自然なところまで行かなければ道徳が完成したとは見られない。その点が西洋とはかなり違ってゐる。(3)

竹内氏はこの二つの引用から、「ここには日本人の思想文化一般の基本発想ともいうべきものが、『自然《おのずから》』ということにおいて要約されて語られている」(4)というふうに見ている。竹内氏の基本的な観点はおよそ想像がつくが、私が注目したいのは、竹内氏が理論的な支えにしている人物が他ならぬ木村敏であるという点である。しかも、私が語るコントラストを裏書きしてくれるような仕方で、竹内氏は、木村敏と柄谷行人を二つの対立する陣営に位置づけているのである。もう一つ加えさせていただくと、竹内氏は、柄谷行人が提示している「批判」をあたかも自分に向けられたものであるかのように受け止め、その上で「批判(攻撃)」(竹内氏にとってのという意味である)の矛先をかわすための武器に使っているのもまた、私が「あいだ学派」の中に数えている小林敏明氏の「他性」の概念(5)なのである。

それでは、竹内氏が、木村敏と柄谷行人を、対立する立場にあるものとみなしている箇所を二カ所引用してみよう。

「あわい」という言い方には、木村敏の一連の「あいだ」論、とりわけ『あいだ』(弘文堂、一九八八）でまとめて展開された、より普遍的な自己と自然の「あいだ」概念に触発・啓発され、それを念頭において用いている。ここでは、ややもすればその「あいだ」が安易に癒着し堕落しやすい、しかしその微妙な「相即」の緊張においてこそ豊かな思想文化が展開されたという、特殊日本人の精神土壌それ自体をあらためて問う、ひとつの有効な視座とすべく、あえて「あわい」という異なる表現を用いている。[6]

柄谷行人は、日本的「自然《おのずから》」発想に対する最もきびしい批判者のひとりであるが、その主たる批判は、この「自然」の、ナルシズムや共同体に閉じられやすい同一性・対称性に対する批判である。――日本的「自然《おのずから》」の対立概念は他者ということであり、そこには決定的に他者ということが欠けている、と。それは、〈他〉性ということをどう捉えるかということも含めて、日本的「自然《おのずから》」とりわけその「本覚思想的風土」においては繰り返し問い返されるべき重要な課題ではあるが、ただ、以上の行論から言いうることは、その「自然」にこそ、ある決定的な他性の契機があるということ、こちら側には如何ともしがたい向こう側の働きとして、親鸞の思想でいえば絶対他力、絶対他の働きとしてありつつその働きに司《つかさど》られているという、ある張りつめた緊迫の視点がそこにはあるのであり、いくつかのすぐれた思想や文芸においてはそうした視点こそがきびしく問われていたということである。[7]

以上の二つの引用の中で言われていることがらに対する私の意見を述べさせていただこう。

（1）「日本的自然」の特質を親鸞、宣長、あるいは丸山眞男が言うような意味で作為に対する生成の優位、構築に対する（非構築的）生成の優位と解したとしたら、それはいささか不正確な見方ということになろう。別に日本に独自なものというわけではないからである。あとで寺尾五郎について語るときに確認するが、たとえば、ハイデガーが問題にしたギリシアにおいても同様に認めうるような、年代的にも地理的にも、似たケースが世界中いたるところに見いだされる事象だと思われるからである。それを特殊日本的なものとして論じるとしたらいささか問題であるように思われる。

（2）竹内氏による柄谷行人のテクストの読みに対しては、以下のことを言っておきたい。柄谷の視点をかいつまんでいえば次のように言えるだろう。つまり、日本に特殊なのは、自然概念自体ではなく、優秀な日本人の多くが、本人の意に反して、いつの間にか「構築」に疲れてしまい、ある種の疲労感から、作為＝制作に背を向け、自然＝生成に身を委ねてしまう、そのようなケースが無数に見られる。ここに日本の深刻な問題の一つがある。日本が必要としているのは、むしろ、制作＝構築の意志の方であろう。これが柄谷行人の主張の骨子であると思う。だからこそ、彼は、なぜこの国では多くの優秀な人物が自然=生成に屈服してしまうのかという嘆息を込めつつ、こうした事態への抵抗の意思表明として、「日本的〈自然〉との闘争」[8]という表現さえ辞さない構えなのである。その意味では、竹内氏が柄谷の立場を「日本的〈自然《おのずから》〉発想」への批判として捉えるのは一面的に過ぎるように思える。むしろ、とくに本居宣長以後定着したかの感がある「自然=生成としてあらわれる制度性」[9]の呪縛力を問題にしているのであり、かならずしも日本的自然発想を問題にしているわけではないだろう。むしろ、無作為の権力[10]として機能してしまう自然の方を、そして、こうした自然を肯定する堅固な姿勢を問題にしているのだと思う。

二つの「あいだ」概念

それでは次に、竹内整一が理論的に依拠している木村敏の「あいだ」論を検討してみよう。木村理論の特徴をくっきりと浮き上がらせるべく、木村敏と森有正における和辻継承の仕方の差異に注目してみたい。彼らが和辻から決定的に重要なヒントを得たという点では共通なのだが、和辻の省察の受け止め方は、実は、まさに正反対なのである。それでは、その違いはどこから出てきたのだろうか。以下の二点からであると思われる。

(1)木村敏が、和辻のいう「あいだ」概念から、他者問題を考える上で決定的に重要なヒントを得たと考えたのに対して、一方の森有正は、まったく逆に、和辻のいう「あいだ(間)」概念によっては、他者問題は語りえないと考えたのである。和辻理論をめぐるこうした両極端な見方、継承の仕方、それを許すものが、おそらく、和辻の理論の中にはらまれているのであろう。和辻理論は、読み方次第で、こうした極端に対立する読解を可能にさせるということなのだろう。

(2)木村敏が、和辻の「あいだ」概念の中に、西洋には見られないような日本独自の豊かな可能性を見いだしたのに対して、森有正は、逆に、和辻が「あいだ」概念を用いることによって、日本社会の決定的な(ある意味では病理的な)問題点の理解を可能にさせてくれたと考えたのである。そして、その問題を「他者」との出会いの困難な日本社会の問題として受け止めたのである。

以上の二点を、日本語における「人称」の問題として検討してみよう。

木村敏が和辻の何を継承したかは本人が次のように明快に述べている。

私が〈あいだ〉というのを自分のキーワードとして最初に使いはじめたのは、むしろ和辻哲郎の人間学、つまり「人間」というのは「人と人との間」のことだという言述からなのです。[11]

ここから、木村が自らの理論的立場を「二人称の現象学[12]」という名称で語る方向に進んだことはよく知られいる。ところで、この名称は、森の見方と突き合わせると、かなりの危うさを伴った表現であることが分かる。もちろん、木村が、臨床医として、自分の専門とする離人症や分裂病をモデルにしてフッサール現象学に対する批判的観点を打ち出そうとしたことは、それなりに、納得がいく。しかし、ここには、問題が二つある。一つは哲学理論的なレヴェルの問題であり、もう一つは、日本社会における対人関係一般（二人称関係一般）に関わる問題である。木村が和辻経由の「あいだ」概念を駆使して、フッサール現象学における「他者」問題を独我論のアポリアとして繰り返し執拗に語っていることは周知の通りである。木村のフッサール批判の切り札ともいうべきものである。また、「あいだ学派」は、常套的に、フッサール現象学を「独我論」と断じており[13]、その批判的論述の切り札として「あいだ」概念がとり出されるのである。

木村敏は、この「あいだ」概念を駆使して、フッサール現象学には欠けているとされる「他者論」を補完するものとして自らの「二人称の現象学」を打ち出しているのである。木村の二人称の現象学の特徴は、対関係のモデルが離人症や分裂病患者における臨床医と患者との非対称的対関係のモデルであることから、他者の次元、他者の他者性の次元があらかじめ前提されている。そのことによって、この非対称的対関係をモデルにした「あいだ論」(二人称の現象学)においては、他者論が抜け落ちているという批判を浴びる可能性はアプリオリに遠ざけられている。しかし、だからといって、問題を抱えていないわけではない。

木村が、離人症、分裂病における対関係をモデルにしている一方で、和辻の「あいだ」論をもモデルにしているという限りでは、必然的に、日本社会における、一般的なレヴェルでの対関係、いわば「世間性」における対関係との重ね合わせは不可避であると私には思われる。木村敏が、そのことを意識していないはずはないが、彼はこの点には、驚くべき一貫性を持って、決して触れようとはしない。そして、もっぱら、フッサールの、あるいは西洋社会の、独我論的傾向なるものを批判の俎上に乗せる言説を生産し続けているのである。このように、日本社会のいわば負の局面には彼の考察は向けられることがないように見うけられるのである。それに対し、森有正は、あくまでも一般的な経験のレベルで、平凡な西洋人と平凡な日本人との比較を通して、木村敏の見解に真っ向から対立する視点を打ち出しているのである。

前に私は、日本人においては、「経験」は一人の個人をではなく、複数を、具体的には二人の人間の構成する関係を定義すると言った。二人ということを特に強調するのは、その

「経験」が二人称の世界を内容とするからである。[14]

この確信を森は和辻の『倫理学』の有名な一節に基づいて述べているのである。そして、ここで口にされている「経験」とは、木村敏自身もとうぜん意識しているはずの、生々しい「現実」としてある日本人のごく日常的な経験のことである。離人症や分裂病で苦しむ人間のものではないとしても、だからといって思弁的・抽象的なものでは決してない、生々しい経験のことである（私自身、パリの生活において、日本人として、日々この経験を新たにしている）。しかも、森は、木村同様に、和辻から決定的なヒントを得て、かの有名な「二項関係[15]」の概念を練り上げていったのである。森の引用を続けよう。

和辻哲郎氏は、日本人において、もっとも著しい私的存在の形は、（孤独な実存ではなく）「間柄的存在」であると言い、それはただ一人の相手以外の凡ゆる他の人の参与を拒む存在である、と言う。一人になるという「経験」を日本人は殆んどもつことがない。和辻氏はそれが不可能であると言う。いずれにしても「二項関係」（これはそういう関係に対する命名なのであるが）に入った自他は、互に相手に対して秘密のない関係を構成する。それは、そういうものとして、親密性と呼ぶことが出来るであろう。そしてそれは和辻氏の言うように、あらゆる他人の参与を排除し、ただ一人だけが「汝」として入って来る。そしてこの二人の間では、互にその「わたくし」（他人の入ることの出来ない自分だけの領分）を消去してしまうが、そういう関係自体は、同時に、外部に向っては、私的存在の性格をもつと言う。この和辻氏の分析は正しいと言わざるをえない。[16]

森有正が参照している箇所は、『倫理学』第三章「公共性の欠如態としての私的存在」の一節[17]である。森の「二項関係」は、『経験と思想』[18]出版時に大いに話題にされたはずのものだが、意外に知られていないのは、和辻から着想をえた森がどこに考察の目を向けたかという点である。森は、徹底的な一貫性をもって、和辻的な曖昧さ（両義性）を自らに許さない方向へと向かったのである。森が注目したのは次の一点にである。すなわち、和辻が鋭く分析してみせたように、日本社会の根強い特徴の一つとは、この社会の中では、お互いが二人称の関係に入り、それ以外の対人関係が容易に成立しないという点である。木村敏は、そのことを知りぬいていながら、なおかつ、森とは逆の視点を堅持しているのである。つまり、森が、日本社会とは、二人称の私的対関係が横に拡張された「世間的」社会であり、そこには非対称の他者と出会う可能性が、劇的とも言うべき仕方で、欠落している社会である、という観点を打ち出しているのに対して、一方の木村は、日本社会とは、本質的に「あいだ」社会であり、西洋社会には見られないような、日本に独自のものであると主張する立場を守っているのである。この意味で、両者の見方は徹底的な平行線をたどり続けていると言える。奇妙なことに、このことが話題にされることはほとんどなかったように見受けられるが、それは、おそらく、森有正が、あえて、和辻哲郎に賛同しているように見えるやわらかい表現を採択したからだと思われる。和辻の曖昧さを峻拒するほどの徹底した構えであったからこそ、逆に、表現上では無用な対立を避ける配慮をしたのだと私は推測している。

最後に、ごく手短な指摘で終えるしかないが（いつか機会を改めて木村と森の対比について語りたいと思っている）、森有正がどこに省察を向けたかについて付言しておきたい。それは、日本社会におけるこの「私的二項関係」の抱える問題の深刻さ、それが、日本語の問題と不可分な関係にあるという点にであった。[19]「私的二項関係」（特殊の二人称関係[20]）においては、二人称以外の人称が消えてしまうという点に着目しているのである。つまり、森によれば、日本社会の最大の問題は、「社会性」の成立の根本条件である一人称、それの対部をなす三人称が消えて、絶対的に支配的な人称が「あなたのあなた（汝の汝）」という形の二人称にしかならないという点にあるのである。これが、日本語の本質的な特徴の一つをなす「敬語法」と不可避的にリンクされることによって、日本人の「経験」は、日本語を通した経験という限りにおいて、「制度としての日本語」の強力な制約下に置かれているということを考察の中心にすえているのである。

この森の日本語観、日本人の「経験」概念が、木村敏のそれと驚くべき隔たりを持って向かい合っていることだけはご理解いただけたと思う。彼らの間に見られる徹底的な平行関係を確認するには、たとえば、『生命と現実――木村敏との対話』の中の檜垣立哉氏の巻頭論文「二人称の知について――木村敏思想のエッセンス」（七―二二頁）を参照するにしくはないであろう。

以上の手短な比較によっても明らかになったことと思うが、森は、おもに自らの専門としていたパスカルの著作やデカルトの「情念論[21]」に依拠することによって、日本社会における「社会性」の強化の可能性を探る方向で、二人称関係の「外」にある人間関係の在り方を探っているのである。こうした森の構えにおいては、二人称世界としての「共同体」（共通のコードを、その機微にいたるまで、共有している者同士の社会としての、たとえば九鬼周造がテーマ化した「粋の文化」の社会などがその典型である）に鋭く対置されるものとして「社会」がとらえられているはずである。森の場合にも、おそらく、柄谷行人が一貫して語り続けてきた、デカルトにおける「精神の場所」をモデルにして至り着いた観点であろう。森の言う、お互いが一人称でありかつ三人称である人間関係とは、デカルト的な「精神（懐疑）」が可能にさせる空間（社会）であると言えるだろう。森と柄谷が共に語っている「あいだ（社会性）」とは、和辻・木村的「あいだ」とは徹底的に異質であるだろう。彼らにとってのデカルト的懐疑とは、「どのような共同体（システム）にも属さない空＝間[22]」に身を置くという「意志」であるとされているだろう。そして、森にとっても柄谷にとっても、和辻の「あいだ」論を生産的に読むとしたら、こうした意味においてでしかないだろう。

木村敏と日本語

和辻哲郎における「こと」と「もの」との差異についての論考(「日本語と哲学の問題」[23])を、ハイデガーの存在論的差異についての論考と重ねて論じてみたいという誘惑がいかに強かったかは、木村敏、廣松渉、小林敏明諸氏の論考[24]を読むと如実に分かる。和辻に始まり、これら三氏によって継承発展させられた「こと・もの」論考を、言語(日本語)と思考とが分節される地点における刺激的な考察であると私はみなしているが、それを正面から論じる用意はいまはない(機会を改めて論じたいと思っている)。現代日本の代表的な思想家に数えられるはずの三氏の論考を、日本語論の観点から検討するのは魅力ある試みであろうが、容易な課題ではない。とりあえず、木村敏氏の論考のみに限ることにする。この限定に加えて、方法論的に私がなしうるのは、ハイデガーとの比較のみである。ここではそれだけを目標に定めるということをあらかじめお断りしておく。

和辻哲郎の場合とは違って、木村氏は、さいわいなことに、ハイデガーの存在論的差異をはっきりと下敷きにして自説を展開している。その意味では、和辻とハイデガーの比較よりもはるかに楽である（存在論的差異に関しては、和辻にはハイデガーとの対話は見られない）。

まっ先に言っておきたいが、木村敏とハイデガーの比較において問題になるポイントは、木村敏の用いている日本語の「こと」概念をどのように押さえるかにある。二通りの押さえ方が可能だと思われる。（1）木村による語源学・語義学的「こと」の規定をとおして木村の論考を問題にする場合。（2）日本語文法における「こと」の規定の方から木村の論考を問題にする場合。この二つの視点のどちらを選ぶかによって、解釈は大きく分かれることになるだろう。順次検討してみよう。

「こと＝事、言、出来事」概念のケース

木村敏の立場を要約すると、「こと」を「事＝出来事」の次元としてとらえ、「もの」を「対象化された物」の次元として捉えていると言える。この木村の概念装置には、ハイデガーの「存在」についての論考に比べて、一つの顕著な特徴が見られる。それは、木村がハイデガーの「存在」に「こと」を、ハイデガーの「存在者」に「もの」を対応させるやいなや不可避的に出てくる特徴である。その特徴は、ハイデガーの規定に対するかなり露骨なラディカリズムとして現れている。まず、ハイデガーは、「存在」と「出来事」とを等号で結ぶことは決してしていな

い。ところが、木村の理論操作によれば、「存在」は、第一に、日本語の「こと=出来事」とほぼ等号で結ばれることになり、第二に、ハイデガーのいう出来事（Ereignis）とほぼ等号で結ばれてしまうことになる。その結果、ある意味では、ハイデガーの存在論的差異のレヴェルを一挙に飛び越えてしまうのである。これが問題の第一点である。さらに、それの対部として、第二の特徴が出てくる。それは、「存在者」に「もの」を対応させるやいなや、ハイデガーにおいては、あくまでも「存在」に対するものとしての「存在者」であるはずのものが、木村においては、「こと（出来事）」に対するものとしての「存在者」としてとらえられることになり、その結果、存在論的差異は、「こと（出来事の次元）」と「もの（対象物の次元）」との差異であるというふうに、極端に明瞭な差異が問題であるというふうに解釈=改釈されてしまう結果になる。これが問題の第二点である。

もちろん、このような図式化によって木村氏の「こと・もの」論考を単純化してしまうのは失礼であろう。失礼にならないように、ここで、ハイデガーの「存在論的差異」についての論考、木村敏の「〈こと〉と〈もの〉との差異」についての論考、そして三上章の「こと」についての論考を相互につき合わせて比較検討してみることにしよう。

「こと＝dictum」概念のケース

日本語の表現である「こと」を日本語文法の規定から語ったら何が言いうるだろうか。木村敏は文法論にはまったく関心を示していないので、ここで三上章の論考を参照することにする。そして、三上の規定とハイデガーによる文法的規定とを比較検討してみよう。

ハイデガーの『形而上学入門』第二部の「〈ある〉という語の文法」における論点を図式的に示せば、ハイデガーが次の四つの文法形式をとおして論述を展開していることが分かる。

（1）「Sein（存在）」。冠詞のつかない Sein という名称形式（名前）。これは、ハイデガーの規定においては、存在者としては存在しないもの＝無のようなもの＝働きとしてあるものを指す。

（2）「sein（存在する＝ある）」。小文字の動詞形。ドイツ語の「存在する（＝ある）」という動詞の不定法（辞書形）。

（3）「das Sein（存在するということ）」。これは、（2）「sein（存在する＝ある）」（不定法）の名詞化された文法形式すなわち「動名詞」に当たるものである。

（4）名詞形の「das Seindes（存在者＝あるところのもの）」。

以上の四つの文法形式とそれに対応する存在論的レヴェル（審級）が設定されている。ところで、ここで特に注目すべき点は、日本語の「こと」の表現が（翻訳上の対応物として）（3）「動名詞」のレヴェルとして登場するということである。

さてそれでは、一方の木村敏はどのような設定で語っているのであろうか。木村の「こと・もの」論考においては、文法形式的な観点に立てば、ハイデガーにおける（3）と（4）との対比を基にして論考が展開されているということが分かる。その意味では、（1）と（2）は最初から除外されていると言わねばならない。したがって、木村の図式からは、（1）が除外されているという限りで、「存在」は問われないままに終わるであろうし、その意味で、存在忘却は、不可避であるという結論が引き出されることになる。

もちろん、この見方に対して、木村氏は、いやそんなことはないと反論してくるだろう。反論として、私の推測では、自分の用いている「こと」概念においては、とりわけ（1）と（2）が問題にされているのであり、（3）は、「対象化（名詞化）されたもの」という意味での「もの」の側にあるものとされているのだ、という返答が返ってくるだろう。しかし、そうなると、見解の相違は、なんのことはない、異なった用語（概念）の選択から出てくる必然的なズレということに還元されてしまう恐れがでてくるだろう。しかし、そうなると、和辻の日本語論の場合と同じように、いつまでたっても曖昧さが曖昧さのままに放置されることになるのではないかと危惧される。そうすべきではないだろう。

ここで三上章の文法論を援用してみよう。三上によれば、「こと」は、国際的な用語として、

dictum に当たる語である。そして、「こと（dictum）」は「サマ（modus）」と対をなす文法用語なのである。『構文の研究』の「コトの類型」の冒頭の一節を引用してみよう。

我々は、〝アルモノ〟について〝ナニゴトカ〟を述べる（有題）か、あるいはいきなり〝アルコト〟を述べる（無題）かである。これを dictum と modus とに書き分けてみれば、

コト（dictum）——アルモノを含むナニゴトカ、アルコト

サマ（modus）——について、述べる

サマはまず提題（題目の提示）の助詞とムウドとにあらわれる。文面からこれらを消した残りがコトに当るが、コトを取出すにはどうすればよいか。(25)

簡単に「コト（dictum）」と「サマ（modus）」との差異を述べると、「コト」は、（1）「アルモノを含むナニゴトカ」（例・象は鼻が長いコト）、あるいは（2）「アルコト」（例・食べるコト）といった形式をとる客観的で非時間的な「コト的内容」を指し、もう一方の「サマ」は、ある一つの法と時制（活用形）を取ったときの主体的で具体的な「サマ」を指す。両者の間にある差異は、「……が……であるというコト」という、法と時制の宙づりにされた形式的内容のレヴェル、それと、法と時制を持った具体的な形式のレヴェルとの間の差異であると言えよう。

さてここで、注目すべきなのは、三上による日本語の「コト」の規定とハイデガーによるドイツ語の「動名詞」の規定の間には、ほとんど違いが認められないという点である。そのことを次の三つの動詞、「存在する（＝ある）」「食べる」「わずらう」を通して検討してみよう。三上の論述においても、ハイデガーの論述においても、ほぼ同じことが言われているということがわかるだろう。

不定法	コト	動名詞
存在する（＝ある）	存在する（という）コト	存在
食べる	食べる（という）コト	食事
わずらう	わずらう（という）コト	わずらい

このように、日本語においても、ドイツ語においても、（1）動詞の辞書形（2）コト形[26]（3）動名詞形（動詞の名詞化された形）という三つの文法形式が認められる。そして、（1）の文法形式をハイデガーは伝統にのっとって「不定法（modus infinitivus）」と呼んでいるのである。以上のことはハイデガーの次の引用から明らかだろう。

たとえば「使節は食事《エッセン》を与えた」とか、「彼は不治のわずらい《ライデン》で死んだ」というような場合である。この場合には、われわれはもはや食事やわずらいがもともと動詞に属しているのだということを全く気にかけない。が、動詞から一つの名詞ができているのであって、しかもそれはラテン語で modus infinitivus（不定法）と呼ばれている Verbum（動詞）の一形式を介してである。

ところで、これと同じような関係が、われわれがとりあげている「存在」という語にも見られる。「存在《ザイン》」という名詞は「ある《ザイン》」という不定法に還元される。この不定法は君はある《ビスト》、彼はある《イスト》、われわれはあった《ヴァーレン》、君たちはあった《ザイト・ゲヴェーゼン》というような諸形式と同類のものである。「存在」は名詞としては動詞に由来している。だから、「存在」という語は「動名詞」だと言われている。動名詞というこの文法的形式を指示するだけで「存在」という語の言語上の特徴づけはもうかたづいている。(27)

このように、日本語においても、ドイツ語（を日本語に翻訳した場合）においても、「コト」は、動詞の動詞性（働きとしての面）が名詞化されて捉えられたものであることが分かる。そして、そうした事態が起きるのは、ハイデガーによれば、「不定法」と呼ばれる動詞の一形式を介することによってである。文法論的に見たら日本語においても同様のことが言いうるだろう。だとすれば、ハイデガーと木村の差異は、ドイツ語と日本語の差異から出てきているのではないと言うべきだろう。それでは、どこから両者の違いが出てくるのだろうか。おそらく以下の理由からである。

まず、繰り返して言えば、木村の「こと」は、ハイデガーの「存在」に対応した語というよりは、むしろ「出来事（Ereignis）」に対応した語であると思われる。木村の用語法においては、「存在者の存在」における「存在」の次元は、「こと＝出来事＝Ereignis」の次元にあるとされているだろう。そうなると、「存在」と「存在者」との存在の仕方の微妙な差異が、「出来事」と「単なる対象物」とのあいだにある一種の位階的な二項対立へと変換されてしまうことになるだろう。その際、木村敏の思い込みに反して、消去されてしまうのは、以下のようなハイデガーの見方である。

ハイデガーは、木村とは異なって、「存在」という名詞で示されるものは、本来は存在者としては存在しないものであり、その限りでは「無」のようなものであるはずなのだが、あたかも存在するものであるかのように捉えられてしまう事態を問題にしているのである。それを、文法論的観点から言えば、次のように言いうると言っているのである。つまり、形而上学の歴史において、古来から「存在」と呼ばれてきたものは、実は、「存在する（＝ある）」という不定法（ラテン語でもドイツ語でも共に動詞の不定法と呼ばれるもの）を介することによって、一つの名詞（動名詞）ができあがったという由来を持つものであると。ハイデガーは、こうして「存在喪失」

と彼が呼ぶ事態が生まれたのだということを、以下のように述べている。

文法的に不定法を動名詞に変形すると、既に不定法の中にあったあの空虚が、いわばもっと固定される。そして、「ある」が確立している対象のように提置される。「存在」という名詞は、そのように名指されているものそのものがいま「ある」のだということを言外に含んでいる。こうなると「存在」はそれ自身「ある」ものになる。ほんとうは、明らかに存在者があるだけで、なおそのうえさらに存在もある、とは言えないのだが。(28)

ハイデガーの言っていることを三上章の用語を用いて言えば、動詞の「不定法」(辞書形)と、それの名詞化された形である「動名詞」とは、ともにdictumの側にあるものである。日本語の文法形式で言えば、「こと」形の側に属するのである。「食べる」のコト的内容が「食べるコト」であり、「食事」の内容を言語的に取り出せば「食べるコト」となるわけである。したがって、三上章とハイデガーの間には本質的な差異は認められないと言えるだろう。

以上の確認から、木村敏の「こと」の定義は、三上章の定義から極端に離れているという限りで、ハイデガーの「存在」の定義からも、文法論的には極端に離れているという結論が導きだされる。ハイデガーの「存在」の規定は文法論的でもあるのだが、木村敏の「こと」の規定は文法論的ではない。このことだけは確認できたと思う。木村敏のハイデガーに対する構えは、和辻同様に、実に奔放である。

「日本的自然」についての二つの見方

寺尾五郎と柄谷行人の「自然」規定

木村敏における「〈こと〉と〈もの〉とのあいだ」論考は、「〈おのずから〉と〈みずから〉のあいだ」論考と重ねられているのだが、残念なことに、木村敏氏の後者に関する二つの論考[29]は、何度読んでも私には理解できないので、これについて語るのは断念して、ここで一転して、寺尾五郎と柄谷行人による「自然」概念の規定がほぼ同形であること、そして、この二人による「日本的自然」概念についての語り方が、木村敏に理論的に依拠している竹内整一の語り方と著しいコントラストを見せていることに注目してみたい。

寺尾と柄谷の両氏によれば、日本人における「自然」概念は、一般に流布されている主張に反して、日本以外の概念に比べて、とりたてて特異なわけではなく、「洋の東西に大差なし[30]」とされる。

第一に注目すべき点は、「日本的自然」の独自性を語ることは、この概念自体の独自性を語ることとは別であるということである。なんらかの独自性が問われるとすれば、それは、それ自体としてはありふれたものである日本的自然概念に対する日本人の関係の持ち方の中に認めるべきであるということである。

以上のように言いうるとすれば、解明すべきは、日本的自然ということでなにが問われているかということになるだろう。これまでいかに多くの日本人が「自然（ジネン）」や「おのずから（自然）」という概念を日本独自のものとして語ってきたことだろう（さしずめ現代の代表者が木村敏、竹内整一の両氏ということになろう）。そのことが無意味だとはもちろん言わないが、しかし、基本的な事柄は押さえた上で議論を展開するのでなければ意味がない。多くの予断を取り払ってくれるような仕事、それがまさに寺尾五郎著『「自然」概念の形成史——中国・日本・ヨーロッパ』である。ここで、著者による明快この上ない定義を、ほぼそのままの形で引用してみよう。

そもそも「自然」という日本語には異なる二つの意味がある。

① 一つは、ものごとがおのずからそうなるさま、人の力によらずひとりでにそうなること、いつわらぬありのままのさま、わざとらしくないこと、などを「自然」という。

「水が高きより低きに流れるのが自然」

「春には、自然と青い芽が萌え出る」

「若い男と女が一つ屋根の下で暮らせば、自然と自然なことになるのは自然」

「深呼吸をし、肩で力を抜き、自然体でいこう」

といった使い方で、「ひとりでに」という副詞、「わざとらしくない」という形容詞、およびそれの名詞化したものである。

これを「おのずから」の意の「自然」という。

古い表現では「自ラ《おのずか》然リ《しか》」という。
② もう一つは、人間をとりまく客観的世界、対象的世界の総体（人工の文物を除く）のことで、無機物と有機生命との全自然界のことを「自然」という。人間存在の以前から在り、人間の営為によるもの以外の全存在の総称で、集合名詞である。
これを「自然界《ネーチユア》」の意の「自然」という。

古い表現をすれば、「天地」と「万物」とを合した全存在のことである。

語源的には、①が古く一次的で、②は新しく二次的で、①の「おのずから」の意から、②の「おのずと在るもの」の意が出てきた。古代・中世には、①の「おのずから」の意の「自然」の語しかなく、②の「自然界《ネーチユア》」の意の「自然」の語は、近世に入ってできた言葉である。古い和語・やまと言葉の「自然」はすべて①の意であり、②の「自然」は nature の翻

訳語として明治以後に広まり定着したものである。〔中略〕

以上のように、IIIのことを除いて、[31] 日本語の「自然」には、おのずからの意と、対象的外界の意との、二つの異なった意味がある。これを本書では、以下、

I、おのずからの「自然」

II、自然界の意の「自然」

と分けて呼ぶことにする。[32]

さて、以上の明快な規定に続いて、寺尾は以下のように続ける。

「自然」という漢字を、「シゼン」と読むか「ジネン」と読むかということが、しばしば問題にされる。どちらで読もうと意味内容にはまったく変わりはない。

「ジネン」は呉音読みで、「シゼン」は漢音読みであるというだけのことである。〔中略〕

日本には仏教の伝来とともにまず呉音が流入し、したがって仏教の経典はみな呉音読みである。その後遣唐使などを通じて漢音が流入し、平安以後の儒教・漢文学では漢音読みが多くなる。〔中略〕

したがって「自然」を「シゼン」と読もうと「ジネン」と読もうと、思想・理論上はな

んのちがいもない。それを「日本では古来から『自然』を『ジネン』と読むことで、『シゼン』とは思想的に区別してきた」などと、得々と語っている無学者もいる。

そもそも外来の漢語・漢字を日本流に発音するさいに起こる違いであって、それは英語の nature を「ネイチュア」と言おうと「ネーチャー」と言おうと、意味内容に変わりがないのと同じである。(33)

この寺尾五郎の明快かつ透徹した規定は、これまでの多少とも曖昧だった概念規定の洗い直しを可能にさせてくれるという意味でも画期的なものであると私は思う。また、私がここで特に注目したいのは、徹底的な精査の果てに打ち出されたこの規定が、柄谷行人の規定にほぼぴったりと呼応するものであるということである。柄谷は、寺尾同様に、作為＝制作に対する生成＝自然の優位という特徴、あるいは、自然概念の二大構成要素の一つである「おのずから」の意の自然が、決して日本に独自のものではないということを繰り返し語っている。(34)

私がここで注目しておきたいのは、以下の点である。つまり、柄谷が、とりわけ丸山眞男による強力な影響下で語られてきたはずの、日本文化における作為に対する生成の優位という見方に対して、一貫して慎重な立場を取り続けてきたということにである（これは次章で語る）。

私は寺尾と柄谷の見方を重ねて語ってきたが、もちろん完全に重なるというわけではなく、違いもないわけではない。寺尾に対する柄谷の規定の仕方に特徴があるとすれば、それは次の点である。寺尾の見方を、もっとコンパクトに、しかも形而上学的（哲学理論的）視点から以下のように明快に述べているという点である。[35]

柄谷の基本的な見解は以下の通りである。

自然（Physis）の二面を（1）「一種の働き」としての自然（2）対象物としての自然、「もの」としての自然の二つに分け、ハイデガーの存在論的差異を援用しつつ、「存在＝働きとしての自然」／「存在者＝ものとしての自然」として押さえうると考えている。そして、前者の「働きとしての自然」の方を、後者と区別して語るために、「自然《じねん》」というふうにルビを振って語っている。[36] そして、柄谷によれば、ハイデガーが語っている、存在喪失以前の古代ギリシア（ソクラテス以前）における自然概念（存在概念）の顕揚は、日本においては、例えば、本居宣長における「古の日本」における自然概念である「おのずから」（働きとしての自然）の顕揚とパラレルなものであるとされるのである。つまり、洋の東西を問わず、「自然というものを、ものとしてみるか、働きとして見るかの問題[37]」であるということなのである。

寺尾五郎は、ヨーロッパ、中国、日本の自然概念を、通時論的軸から、綿密に比較吟味した結果、これら三者の間には、相対的な差異はもちろん認められはするが、根本的にはさほどの差はなく、むしろ意外なほどの時間的な並行性が認められると言っている。この寺尾の主張は、柄谷行人の推測を裏づけてくれるものである。[38] 柄谷は、一貫して、徂徠=宣長以来の生成・作為の二項対立図式を、日本独自のものとみなすことを自らに禁じているのである。その上でこそ、日本に独自なものとは、それでは、一体何なのかという問いを立てているのである。

ところで、柄谷がこのような問いを形成するにあずかってもっとも重要な役割を演じたのは丸山眞男であったとみて間違いないだろう。丸山の『日本政治思想史研究』（一九五二）、とりわけ「歴史意識の〈古層〉」（一九七二）との執拗な対話によってそれを果たしていることが認められるからである。次章ではそのことの確認から始め、次に、これまで先送りにされてきた柄谷行人の「文字論」（日本語の文字組織についての論考）が投げかけるいくつかの難問について意見を述べなければならない。

注

（1）本書、一七頁。

（2）竹内整一『「おのずから」と「みずから」——日本思想の基層』春秋社、二〇〇四年、七—八頁。これは、西田幾多郎『日本文化の問題』からの引用である。

（3）同右、八頁。これは、九鬼周造「日本的性格」からの引用である。

（4）同右、八—九頁。

（5）柄谷行人が「ライプニッツ症候群——吉本隆明と西田幾多郎」（『ヒューモアとしての唯物論』講談社学術文庫、一九九九年）の中で、西田においては「他者」の次元が欠けている、という鋭い指摘をしているのは周知のことだが、それを受けて、小林敏明は、『西田幾多郎——他性の文体』（太田出版、一九九七年、三六―三七頁）の中で、西田においては、柄谷の言う「他者」の次元（彼によれば政治的な次元）が欠けているかもしれないが、それとは別の次元にある「他性」が認められるという見解を示している。竹内氏が暗示的に語っているのは、この小林敏明の「他性」についてであると思われる。

（6）同右、二三八頁。

（7）同右、二六頁。

（8）柄谷行人『ダイアローグIV 1987-1989』第三文明社、一九九一年に収録されている丹生谷貴志との対談のタイトル名である。

（9）柄谷行人『差異としての場所』講談社学術文庫、一九九六年、一六九頁。

（10）同右、一七四頁。

（11）木村敏、檜垣立哉『生命と現実——木村敏との対話』河出書房新社、二〇〇六年、五二頁。

（12）『木村敏著作集1「初期自己論・分裂病論」』弘文堂、二〇〇一年、四一二―四一五頁の野家啓一氏の「解説」の参照が便利である。

（13）二つの参照例をあげる。小林敏明「〈私〉という虚像」（『言語』大修館書店、一九九七年七月号、四〇頁参照）、「〈他者〉そして〈言語ゲーム〉（木村敏と柄谷行人の対談）」（柄谷行人『ダイアローグIII』第三文明社、一九八七年、一一頁参照）。

（14）『森有正全集』第十二巻、筑摩書房、一九七九年、六二頁。

（15）同右、六六頁。

（16）同右、六八―六九頁。

（17）和辻哲郎『倫理学』（二）、岩波文庫、二〇〇七年、九四―九五頁。

（18）森有正『経験と思想』岩波書店、一九七七年。

（19）『森有正全集』第十二巻、前掲書、八三—九二頁参照。
（20）同右、一〇三頁。
（21）同右、九九頁参照。森有正の『経験と思想』は「第II部は『「実存」と「社会」』と題することにする。」という文で結ばれているが、惜しまれることに、氏の死によってついに未完に終わることになった。
（22）柄谷行人『探究II』講談社学術文庫、一九九四年、一〇六頁。
（23）和辻哲郎『人間存在の倫理学』燈影社、二〇〇〇年、一八七—二三八頁、『和辻哲郎全集』第四巻、岩波書店、一九六二年、五〇六—五五一頁。
（24）廣松渉『もの・こと・ことば』ちくま学芸文庫、二〇〇七年。小林敏明『〈ことなり〉の現象学——役割行為のオントプラクソロギー』弘文堂、一九八七年参照。二人は、木村敏にきわめて近い形で「こと」と「もの」について論じている。
（25）三上章『構文の研究』くろしお出版、二〇〇二年、四一頁。
（26）正確に言えば、もちろんハイデガーの用語法においては「コト形」に当たるものは見られないが、しかし、日本語の「コト形」を、三上章のように、modusとみなした場合には、ドイツ語においてもmodus=コト形があるというふうに言えるはずである。
（27）マルティン・ハイデッガー『形而上学入門』平凡社ライブラリー、一九九四年、九六—九七頁。
（28）同右、一一七—一一八頁。
（29）"Entre ***onozukara*** et ***mizukara*** - Pathologie de l'ego à partir d'un point de vue traditionnel japonais"（***Onozukara to mizukara no aida***）in ***Ecrits de psychopathologie phénoménologique*** de Kimura Bin, P. U. F., 1992, p. 35-45.（翻訳者の註によれば、バークレー大学で行われた一九八七年八月の講演である。）木村敏『あいだ』、「〈みずから〉と〈おのずから〉」ちくま学芸文庫、二〇〇五

年、一八〇―一九一頁。
(30) 寺尾五郎『「自然」概念の形成史――中国・日本・ヨーロッパ』農文協、二〇〇二年、三二二頁(これは第三章第七節の表題名である)。
(31) これまで、相良亨氏や竹内整一氏などによって、この第三点が重視されてきたが、寺尾五郎氏は以下のように語っている。「例外的な使い方で、現在では死語となっているが、近世以前には、異常のこと、不慮のこと、万一の事態という使い方」があったと。同右、一四〇頁参照。
(32) 同右、一三六―一四〇頁。
(33) 同右、一四一―一四二頁。
(34) 例を一つあげておこう。「こうしてみると、『自然《じねん》』というのは、日本の思想の文脈だけではなく、世界の、とくにギリシア的な思想の背後と共通したものがある、と考えることができます」(柄谷行人『言葉と悲劇』講談社学術文庫、一九九三年、二〇二頁)。
(35) 両者における「自然」概念の規定は驚くほど似ていると私は受け止めているが、もう一つの違いは、柄谷が、寺尾以上に、東アジアの地政学的な特異性に注目している点である。柄谷は「文字の地政学――日本精神分析」(柄谷行人『定本 柄谷行人集4 ネーションと美学』岩波書店、二〇〇四年)の中でこの観点を明瞭に提示している。
(36) 柄谷行人『言葉と悲劇』前掲書、一八七頁。
(37) 同右、一九三頁。
(38) 寺尾も柄谷も、むろん、東洋と西洋の一つの大きな違いとして、ユダヤ・キリスト教(一神教)による「生成=自然」の抑圧について注目しているということは付言しておく。

第8章　繫辞をめぐって

「近代の超克」の乗り越え

柄谷行人の日本語論考に対する私の関心は二重である。一つは、柄谷が「近代の超克」[1]の理論的・イデオロギー的基盤を問うときの超越論的（批判哲学的）視点についてであり、もう一つは、それを日本語論考として成し遂げていることについてである。私が特に強く惹かれるのは一見逆説的に見える事柄に関してなのである。「近代の超克」という国を挙げてのドラマにおける主演者として本居宣長と西田幾多郎の二人がいたと言ったとしても、それに異論をとなえる者は多くはないだろう。直接的には、西田幾多郎が一九三〇年代に果たした理論的達成、これが「近代の超克」のイデオロギー的基盤をなしていたと見ていいだろう。事実、場所論を中心とする西田哲学の果たした役割は大きかったはずだし、言語学者の時枝誠記もまたその影響下にあったと思われる。一方、時枝誠記に母語のための文法論構築のアイディアを与えた本居宣長は、「近代の超克」というドラマに原モデルとしての役割をもって間接的に参与していただろう。西田にとっての「西洋」を「中国」で置きかえれば宣長と西田の間にはかなり明瞭な類似点が見出せるはずである。

柄谷が、日本語論考において、宣長、西田、時枝の三人に焦点を当てて議論を展開しているのは偶然ではありえないが、私が特に注目したいのは次の逆説的な事態にである。注目すべきなのは、柄谷が近代の超克のテーマの中に彼らを位置づけるときに、彼らの中に近代の超克そのものを乗り越える可能性をも読みとっているという点にである。[2] 柄谷が乗り越えとして目標に定めているものは、もちろん（西洋）近代の超克ではない。そうではなく、「近代の超克」のモティーフそのものから自由になることである。つまり、近代の超克のモティーフに囚われ続けている超克願望（志向）そのものの乗り越えを狙っているのである。また、それが生易しいものでないことを彼はもちろんよく知っている。だからこそ、単にそのモティーフを望ましくないものと見なして捨て去れば十分であるというような安易な解消策を自らに禁じたのである。彼にとって重要なのは、乗り越えを、解釈の変容としてではなく、あくまでも具体的な事物（現実）として提示することであった。そして、私は、その具体的な提示の一例をまさに柄谷行人による母語の問いの中に見出しうると考えている。その具体例とは、宣長、西田、時枝について語る彼の言説そのものが体現している何ものかである。ここには何か決定的に新しいものがあると私は感じている。

　繰り返すが、柄谷が宣長、西田、時枝の三人に特権的な重要性を与えているのは偶然ではありえない。まず、この三人には一つの共通性がある。彼らの思想においては、日本語で思考することは、チャンスともなればスキャンダルともなりうる、両刃の剣のようなものだった

のである。この点で、柄谷が和辻哲郎の日本語論考にほとんど何の関心も示していないのは意味深長である。(3)

さて、私は三上章の構文論と柄谷行人の文字論との突き合わせに大きな可能性を感じている。しかし、それを先の課題として前方に設定しながら、そこにいたるまでにあらかじめ確認すべきことを一つずつ確認するという歩み方でやってきた。しかし、文法論のフィルターを通して「母語を問う」ことは想像以上に大変であった。そして、いつまでたっても目的地にたどりつけないもどかしさを味わうことになった。とうとう最終章まできてしまった今、せめてさわりの部分だけは語っておかねばならないという切迫した思いがある。

ところで、柄谷の日本語論考の特徴は、日本語の文法そのものが、ある意味では、日本語の表記法（漢字と仮名混合の表記法）に由来しているという見方をしている点にある。それだけに、柄谷の日本語論考と三上章の文法論（構文論）はかみ合いそうもないという危惧がつきまとう。だが、つきあわせの可能性がないわけではない。

三上と柄谷が交差するのは、柄谷が構文論に接近した地点においてであり、具体的には繋辞（コプラ）をめぐる論考においてである。そもそも be 動詞（に当たるもの）を、したがってまた繋辞（に当たるもの）を持たない言語である日本語（膠着語）において繋辞について問うことに困難がつきまとうのは当然である。私の知る限り、その困難にあえて考察を差し向けて、正面から取り組んでいる希有な人物がこの二人なのである。両者は、しかも、日本語における繫辞についての問いを母語（日本語）を問うことにおける中心的論点の一つと見なしてもいるのである。

ところで、三上章が関根論文をそっくり再録したことからして、[4]三上もまた西田幾多郎の日本語理解にはかなり手を焼いたのだろうと推察される。西田自身には日本語論と呼べるテクストはなく、弟子の高山岩男などをとおして読み手が構築的に推理する以外に手はないのである。また、西田継承者の代表的存在と目されている木村敏の日本語論考には、前章で見たように、文法論的省察はなく、もっぱら語源論的な省察ばかりであり、手助けにならない。和辻の日本語論もまた、第六章で見たように、露骨に西洋超克論的で、しかも恣意的である。こうしたことを考慮すると、相対的に言って、三上章と柄谷行人の二人が厳密さという点でも、普遍性に向けての努力においても群を抜いているように思えるのである。

ところで、三上についてはある程度語ってきたと思うから、次は柄谷の日本語論考について語る番である。ところが、それを手短に提示するのは相当な難事である。理由はいくつかあるが、最大の理由として、柄谷が、構文論（文法）を語ることを二次的なものと見なす立場をとっていることがある。したがって三上章との突き合わせは直接的な形ではなしえないのである。ここでどうしても一工夫必要になる。

幸いなことに、柄谷による日本語の文字形態（漢字仮名の混合）と文字表記についての論考（文字論）、それと三上の構文論（文法論）とが、交差していないわけではない。まさに繫辞をめぐる論考において交差しているのである。もう少し具体的に述べてみよう。時枝誠記と西田幾多郎の二人を根底にすえた議論を展開しているという点で、柄谷の考察は文法論と論理学が重なり合う地点に向けられている。簡単に言うと「判断形式」の文形態について問うている。一方の三上もまた、『日本語の論理』において、論理学と文法論が重なり合う地点に省察を向けているのである。このように、一見したところひどくかけ離れた二人の異質なアプローチの間に比較可能性を見出すことができなくはない。だが、そこにたどり着くまでに、柄谷の日本語論考の枢要な部分をなすものをあらかじめ確認しておかなければならない。限られた紙幅で試みる窮余の一策として、丸山眞男との対話に焦点を当てることにする。

丸山眞男との対話

「日本的なもの」の規定において、丸山眞男が与えた影響は相当なものである。その影響は二種類に大別されだろう。まず、『日本の思想』（一九六一）[5]が与えた影響がある。「神道の構造」「天皇制の構造」「座標軸の欠如＝雑居性」をもって日本的なものの規定に迫る丸山の試みは誰もが知っている。これが一つである。もう一つは、『日本政治思想史研究』(一九五二)[6]、とりわけ「歴史意識の〈古層〉」(一九七二)[7]の中で述べられている「制作に対する生成の優位」「作為に対する無作為の優位」「スルに対するナルの優位」の中に日本的なものを認める見方である。

ところで、後者に関していえば、丸山の言説が、「日本的なもの」についての宣長的言説にある種の保証を与えているというふうな受け止められ方をしてきたような印象を受ける。丸山本人は、むしろ「宣長的なもの」(国学的日本論)の呪縛から解放されるためにこそ、その解明を目指したつもりだったにちがいないが、本人の意に反して、「宣長的なもの」を追認するものとして受容された感がある。相良亨、竹内整一といった人たちによる丸山の継承の仕方を見ると、どうもそのように感じられるのである。とくに『古事記』の冒頭の読解によって「日本的なもの」の根本に迫ろうとした「歴史意識の〈古層〉」は、日本思想の「基層」をなすものに向けられた省察の範例として、「宣長的なもの」を追認するものとして受け止められてきたように思えるのである。波及効果の及ぶ範囲も広く、言語学の領域においてさえも、丸山のこのテクストは小さからぬ影響力を与えているように思われる。池上嘉彦『「する」と「なる」の言語学』の「あとがき」の次の一節などがその例証の一つと言えるだろう。

ここ数年の間には、日本語の「スル」と「ナル」(とりわけ後者)に日本的なものの象徴を認める議論もいくつか見かけられた。そのような議論の趣旨はどれもほぼ同じ方向を指しているようであり、このことは「場所理論」の発想から出発した本書の結論も妥当であることが間接的に支持されていると解することが許されよう。この種の議論の中にはごく表面的な観察にすぎないと思われるものもあるが、筆者にとってもっとも印象に残ったのは荒木(一九八〇)(『日本語から日本人を考える』朝日新聞社)と丸山(一九七二)(「歴史意識の〈古層〉」)であった。[8]

柄谷行人は、別の意味で、丸山眞男を一貫して重視してきたが、「文字論[9]」、「日本精神分析[10]」の時期に徹底的に丸山眞男との対話(説明的対決)をベースにして自説を展開しているのである。丸山との対話は、『日本政治思想史研究』を読んだ時期にまでさかのぼりうるはずだが、現在なお丸山との対話を続行中であることは、最近の論文「丸山眞男とアソシエーショニズム[11]」を見ても分かる。それでは、柄谷にとって、丸山との対話がいかなる点で重要だったのであろうか。奇妙に聞こえるかもしれないが、丸山に何が欠けているのかを見極めることに大きな重要性を認めていたからであるという言い方が可能であろう。つまり、丸山に欠けているものを画定することにおいてこそ丸山はかけがえのない貴重な存在だったのである。柄谷が江戸思想研究に打ち込んだ時期[12]にも、ポスト・モダンについて考えた時期[13]にも、たえず丸山が大きな参照事項だったのである。

ところで、柄谷は、ある時期から、丸山の『日本の思想』に対して、次のようなキッパリとした意見を持つにいたる。「丸山眞男が日本の思想について指摘したことは、宣長が見たものを否定的に捉えただけである。いいかえれば、丸山がいったことは、それをそのまま肯定的に評価できるのである」[14]。柄谷による丸山継承の仕方は、このような問題の立て方そのものと切り離しえない。柄谷は、ある意味では、丸山の抱えている問題を内側から克服することを課題にしたのである。換言すれば、丸山がはまりこんだ陥穽を徹底的に考え抜く立場に立とうとしたのである。丸山の『日本の思想』、「歴史意識の〈古層〉」に執拗に食い下がることによって、丸山の視点を移動させうるまで耐え続けるスタイルをとったのである。とりもなおさず丸山がそれだけ重要な存在だったということであり、事実、柄谷の論考は、丸山理論にいくつかの重大な修正を加えるという方向で練り上げられていったのである。

丸山眞男の視点をずらす

柄谷が「文字論」あるいは「文字の地政学——日本精神分析[15]」で打ち出した視点は、丸山のテエゼを、また、丸山が『日本の思想』の中で語っている事柄（座標軸の欠如と雑居性）を、そっくりそのまま丸山自身における欠落の側から語って見せているという点で、また、現行の日本語の文字形態についての考察を起点にして解明（分析）してみせているという点で画期的なものである。

丸山眞男は、日本ではいかなる外来思想も受け入れられるが、ただ雑居しているだけで、内的な核心に及ぶことがない、といった。それが最も顕著なのは、このような文字使用の形態においてである。漢字やカタカナとして受け入れたものは、所詮外来的であり、だからこそ、何を受け入れても構わないといえる。外来的な観念はどんなものであれ、先ず日本語に内面化されるがゆえに、ほとんど抵抗なしに受け入れられる。しかし、それらは、所詮漢字やカタカナとして表記上区別される以上、本質的に内面化されることなく、また、それに対する闘いもなく、たんに外来的なものとして脇に片づけられるのである。結果として、日本には外来的なものがすべて保存されるということになる。(16)

丸山に対して柄谷が加えているものは二つある。一つは、丸山が「古層」論において、あまりにも遠い過去へとさかもどっているが、むしろもっと近い過去をこそ考察すべきであるという視点である。つまり、丸山や宣長の考える「古代」とは、実は、「せいぜい十八世紀後半に見いだされた想像物」[17]であるという見方を導入して丸山の見方に修正を加えることである。もう一つは、日本を地政学的にとらえる視点が丸山には欠けているが、「日本的なもの」に迫るためにはそれが不可欠であるとする視点を加えることである。つまり、丸山は、日本を中国や西洋と比較することで、「本質主義的」な理解に向ってしまったが、しかし、「日本的なもの」は、「古代から現在にいたるまで、朝鮮との関係なしに理解できない」[18]。そして、丸山に欠けている視点、歴史的に見た場合の、「東アジアにおける特殊な地政学的関係構造」つまり「簡単にいうと、中国、朝鮮、日本という関係構造」[19]を問う視点が必要である、と言う。

しかし、ここで注目すべきなのは、柄谷が以上の二点を文字の問題（文字論）として包括的にとらえる方向へと向っていることである。その際に決定的に重視されているのが、日本の独自性の認識は、韓国との比較によってこそ明らかにされる、という観点である。柄谷のテーゼの核心はここにあると言っていい。そのことを柄谷はたとえば次のように述べている。

丸山は『古事記』に表現された内容に注意を払ったが、その表現形式そのものを少しも問題にしなかった。つまり、「歴史」がそれによって記述されるエクリチュールそのものの歴史性を問わなかったのである。そして、その歴史性は、漢字を受け入れたときの朝鮮と日本の差異を見ることによって示されるのである。[20]

文字の問題

柄谷が丸山に加えた最大のものは、丸山が問わなかった「『歴史』がそれによって記述されるエクリチュールそのものの歴史性」を問うことであったと言える。このことは、柄谷によれば、国学者たちが見落とした決定的に重要なもの[21]、それと丸山自身による『古事記』の読みにおける致命的とも言うべき欠落が重なっているという意味で、二重に問題をはらんでいる。

ところで、柄谷が日本語の文字の問題[22]（文字表記、漢字仮名交用という表記法）に執拗にこだわったのは、韓国と日本との決定的とも言うべき差異もまた、根本的に両言語の文字表記上の差異に起因すると考えているからなのである。柄谷の打ち出した視点はまったく新しいものだと思う。日本文法論の将来のためにも多くの示唆に富んだものであると思う。文字の問題をこんな仕方で切り上げるのは遺憾であるが、今はそうすることしかできない。

述語一本立てにおける繋辞

インド＝ヨーロッパ語で繋辞（コプラ）と呼ばれるものに相当すのは、日本語においては何であろうか。諸説があり、定説がいまだ確立していないようである。私の見るところでは、三上章と柄谷行人による規定が最前線にある。

三上は、「日本語のコプラはハであろう[23]」と言う。ただし、ハだけではなく、ニハも繋辞であると見なすよう提案している。私は、三上の規定に一つだけ疑問がある。ニハを繋辞に含ませ、デハを除外している理由が分からないのである。この点については、三上の言う「ピリオド越え」の実例として夏目漱石の文章について語るときに意見を述べることにして、さしあたり三上がテニヲハの中の（ニハを含む）ハを日本語で繋辞に相当するものであると見なしていることを再度確認しておく。

柄谷の場合は、時枝誠記の言語論を基にして語っているので、さらには宣長の詞と辞の規定と時枝のそれとを重ねる視点をとっているので、あくまでも「テニヲハ」（詞に対する辞）が西洋語で言う繋辞に相当すると見なす立場をとっている。

このように、外見上、両者の規定の仕方は異なっている。文法論的観点から言えば、時枝の規定は、したがってまた、柄谷の規定は、あまりにも大雑把であると三上なら言うであろう。[24]しかし、「詞と辞」の区分を文法論的にのみ語ることに徹底的に懐疑的な柄谷は、三上の文法論の中には見出しえない重要な考察を展開しているのである。三上と柄谷を性急に対立させて論ずべきではないだろうし、両者の比較検討は慎重になすべきであると思う。その上、共通の議論の枠の中で直ちに比較できる二人ではないのであり、この比較にはかなりの工夫が要るはずである。重要なのは、それぞれの見解をそれとして厳密に確認することから始めることである。

二人の比較に入る前に、ここで、あらかじめ一つ確認しておきたいことがある。西田の判断論（包摂判断論）を解説する高山岩男の規定では、「である」が日本語における繋辞であるとされている。[25]和辻もまた同種の規定をしており、ドイツ語の存在（ザイン）が「存在」と「繫辞」に分化していないのに対して、日本語の「存在」は、「がある」（存在表現）と「である」（繫辞表現）に分化していると見ている。[26]高山と和辻は共に「である」を繫辞とみなしており、したがって、文法論的には、共に、助詞ではなく助動詞「である」（だ）が繫辞に当たるものであると見なしていることになる。この点で三上や柄谷とは見方がかなり違う。ここにもう一つの違いが加わる。三上と柄谷が、「である」と「がある」を、和辻のように日本語での区別をもとに比較することに信をおかないという点でも共通するのである。[27]

三上の規定については（加えるべきことがまだあるとはいえ[28]）、基本的な論点はすでに見たとおりである。[29] 次は柄谷の規定について述べる番である。

「テニヲハ」を繋辞とみなす

柄谷の日本語論考で特筆すべきなのは、『善悪の彼岸』の有名な一節[30]に最大限の重要性を与えるという視点が導入されていることである。柄谷の最も本格的な考察は、「文字論」と同年に書かれた「非デカルト的コギト」の中で展開されていると見ていいだろう。

このニーチェの一節に対する柄谷の読みは、長年の熟考を経たものであるだけに精緻に組み立てられており、要約を許すようなものではない。ここでは便宜上の策として、インド＝ヨーロッパ語とウラル＝アルタイ語の差異を柄谷がどのように押さえているかに焦点を絞って語ることにするが、柄谷の考察は、「存在と繋辞」の問題に迫るという意味でとりわけ重要である。柄谷は、まずは、インド＝ヨーロッパ語にはbe動詞があるが日本語（膠着語）にはそれがない、ということから必然的に出てくるズレに注目する。次に、このズレを、異なる二類型をなす言語間のズレとして押さえた上で、このズレを、言語論的にかつ哲学的に、一つの普遍的観点を目指す仕方で問いつめて行く。柄谷の問いは、究極的には、be動詞を持つことによって「存在論」を発達させたインド＝ヨーロッパ語圏の国（西洋とインド）と、それをもたない日本との差異を、

「存在と繫辞」の問題として比較検討するという立場に立っているのである。このように問いを立て得た者は柄谷以前には一人もいなかったと思うが、柄谷は、この巨大な問いへと、時枝と西田を範例として、踏み込んでいるのである。また、時枝と西田を範例として選んだのにはそれなりの理由があったはずである。この二人の言語理解をとおしてこの二類型の言語（be動詞のある言語とそれのない言語）の差異を問いつめるべく、柄谷は、主語・述語関係の問われる判断形式の文を日本語を母語とする二人がどのような「違和（差異＝ズレ）」の感覚とともに受け止めているかという点に考察を差し向けているのである。このように、柄谷が注目したのは、根本的には、存在と繫辞（コプラ）の問題であったと見てまず間違いない。(31)『善悪の彼岸』の一節の中に決定的に重要な問いの萌芽を認めた柄谷は、普遍的な問いへとさらに一歩前進する視点を打ち出しているのである。少し長いが、柄谷の視点が見事に表明されている一節をここで引用しておこう。

ニーチェが述べたことにもう少しこだわるとすれば、「インド＝ヨーロッパ語」に対する「ウラル＝アルタイ語」の差異を、主語の問題として見るのはまちがっているといわねばならない。インド＝ヨーロッパ語においては、すべての文が、主語と述語という「判断」の形態に変えられる。その場合、存在するという意味での be も述語 being となる。アリステレス以来、形而上学は、この being を他の主語あるいは述語の位置におかれる概念と区別してきた。こうして、西洋の哲学は、つねに存在論というかたちをとってきたのである。ハイデガーが「存在者と存在の差異」というのは、たんに文法的にいえば、概念になりうるものと、概念になりえないのみならず、あらゆる概念（主語と述語の位置におかれる）をつなぎ支えるものとの差異である。

しかし、こうした議論を、中国語のような孤立語や日本語のような膠着語《こうちゃくご》にあてはめることはできない。そこでは、文法的な subject が欠けているのではなく、そのような主語――述語の分割（判断）を可能にする "be" が欠けているのである。膠着語や孤立語から見ると、インド＝ヨーロッパ語の文法において特徴的なのは、主語ではなく、主語と述語を分割し且《か》つつなぐ繋辞《けいじ》としての be である。しかし、こうした文法にもとづいて考えることが「普遍的」であろうか。(32)

日本語に「主語」がないという言い方は正確ではなく、インド＝ヨーロッパ語でいう意味での主語はない、と言い換えるべきなのである、というのは柄谷の言うとおりであろう。ここで柄谷は時枝言語学を援用して、日本語（膠着語）においては、概念（辞に対する詞）は "be" のような繋辞によってではなく、「テニヲハ」でつながれているという点を考察の中心に位置づけているのである。ここで「文字論」からの引用を加えておこう。

たとえば、西洋言語では、「在る」という意味での be という動詞は、"being" という概念になります。つまり、"A is" が "A is being" と変えられます。しかも、どんな文も、"be" を含むものに変えられます。"I think" は "I am thinking" に変えられる。いたるところに be 動詞があらわれるわけです。そして、この "be" は、"being" に変えられる。つまり、主語や述語の位置に置かれる概念になります。ヨーロッパで存在論と呼ばれてきたのは、このような文法から来るものです。[33]

この引用は、時枝誠記の『國語學原論』の、西洋語（屈折語）を「天秤型」、日本語（膠着語）を「風呂敷型」あるいは「入子型」として規定している有名な箇所[34]をふまえたものであり、西洋語の根本的構造は、主語（概念）と述語（述語）が二つの天秤の皿のようにつねに "be" によってつなぎ支えられる構造になっているということを明快に説明したものである。

それではここで、三上章と柄谷行人の繫辞（コプラ）の規定における差異を再確認しておこう。三上は日本語における繫辞をハとニハ、柄谷はテニヲハと見ている。三上が、時枝と理論的に分かれるのは、第二章[35]で見たように、時枝が「テニヲハ」におけるハと格助詞との下位区分を飛ばしてしまったからであり、その結果、三上によれば、ハのピリオド越えという日本語の最も根本的な特徴を正確にとらえることに失敗したからである。その意味では、西田の無としての場所の包摂概念の方が、三上の構文論に近いと言える。[36]ということは、時枝の理論に依拠して論じている柄谷に対しても三上なら同種の批判を向けるにちがいない。この点だけはあらかじめ付言しておこう。

それでは次に、柄谷と三上との差異において決定的に重要だと思われる一点にこだわってみよう。柄谷が日本語で繋辞に相当するものを「テニヲハ」であると考える論拠として何を考えているかを確認してみよう。柄谷が伝統的に「存在論」と呼ばれてきたものは、実は、西洋語の文法構造に由来するものであって、それを日本語の中に求めることにはそもそも無理があるという点を繰り返し語っているが、柄谷は一歩進めて、なおかつこの言語類型の違いから出てくる差異（隔たり）を越えて比較しうる視点を打ち出しているのである。それは次のように語られている。

「存在論」として語られている事柄は、日本においてもあるのです。それは「存在論」という言葉で語られないだけのことです。それは、国学者が「玉の緒」と呼んだものに関係します。つまり、「てにをは」が西洋語におけるコプラ（繋辞）に対応しているのです。国学者は、名詞にあたる「詞」と、「てにをは」のような「辞」とを区別します。そして、「詞」が玉だとしますと、玉をつなぐ緒が「辞」です。しかし、西洋語では、"be" はコプラ（copula）と呼ばれていますが、それは "copulate" するという意味です。それは「交尾する」という意味でもありますが、要するに繋がることです。すると、根本的に違わないはずです。[37]

ここで言われていることは、言語学的にも、文法論的にも、非常に重要な事柄である。屈折語と膠着語との間にある差異をどのように押さえた上で科学的な言説が可能かというニーチェ的思索を、今度は、日本語の側から問うてみせるという前例のない考察である。

まず確認しておくべきことは、それを柄谷が時枝言語論をとおして押し進めているということである。ここには三上章の時枝批判には見出し得ない非常に重要な視点が含まれているのである。時枝による国学派の言語論の再評価をめぐる論考について、柄谷はこう言っている。

こうした問題は、たんに文法構造から来るのではなく、やはり、ロマン派以後の問題関心から来るのです。だから、それを文法の問題、いいかえれば非歴史的な構造にもっていってはいけない。事実、時枝の「詞」と「辞」という区別は、国学者によるものであり、それも歴史的なのです。もしもこれが非歴史的な日本語のシンタックスから来るものであるならば、同じような膠着語の民族から、同じような問題が出てこなければならないはずです。たとえば朝鮮語においても出てこなければいけない、トルコ語にも出てこなければいけない。しかし、そういう考えは出ておりません。理由は簡単です。この詞と辞の区別というのは、漢字と仮名で書く、その区別そのものだからです。国学者が詞と辞を区別したのは、文法構造の考察によるのではなく、それが漢字仮名交じりの表記のなかで実現されてきたからです。つまり、言語学そのものが歴史的に漢字と仮名で書き分けてきた歴史的出来事にもとづいている。(38)

ここで柄谷が立てている問いの射程は遠大であり、それに答える用意は残念ながら今はない。機会を改めて論じる他はない。ここでは柄谷と三上の交差する地点を確認することしかできない。

虚勢的係り=結び(ピリオド越え)

たしかに柄谷の文字表記についての問いは、三上には欠けている。しかし、三上にあって柄谷に欠けている省察もあるのであり、それを最後に検討してみよう。

三上章が、「題述の呼応」、ないしは、ハによる文末にいたる虚勢的な係りを日本語口語文法の最も根本的な構造と見なしていることについては既に述べた。(39)「題述の呼応」の根本とは、三上の言う「ピリオド越え」を指すものだが、ここで注目すべきなのは、三上が大野晋や渡辺実の「係り結び」の消滅についての意見に対して別の見解を示していると思われる点である。(40) たしかに、大野や渡辺の言うように、厳密に古典的な意味での係り結びはほぼ全面的に消滅したとは言える。しかし、問題はその一歩先にある。三上が、あたかも係り結びの衰退・消滅を認めていないかのように議論を展開しているのはなぜかという点である。この問いについては、言文一致以後の日本語の文章の範例の一つである夏目漱石の小説を参照することで解明の糸口がつかめるように思われる。三上章は、ハの本務の説明の中で、「ピリオド越え」の例証として夏目漱石の『吾輩は猫である』の冒頭を引用しているが、これが偶然であったとは思われない。そう思う理由は、漱石の小説の中に、この例に代わるものをいくらでも見出せるからである。『吾輩は猫である』から『明暗』にいたるまで、驚くほどの頻度で確認しうる特徴なのである。三上が引いている一節は以下のものである。

吾輩は猫である。名前はまだ無い。どこで生まれたか頓と見当がつかぬ。何でも薄暗いじめじめした所でニャーニャー泣いて居た事丈は記憶して居る……

この四つの文の連なりは、三上の言うように、「一文一文をしいて完全独立させれば(41)」、文頭は、それぞれ「吾輩ハ」「吾輩（ニ）ハ」「吾輩ハ」「吾輩ハ」となる。このように、漱石のこの作品の冒頭は、「ピリオド越え」（初出のハが、第一文のみならず、第二文以下においても、文末まで支配力を及ぼすこと）の条件を満たしつつ、四回連続で、繰り返していると言える。

第二の例として、『吾輩は猫である』と同時期に書かれた『倫敦塔』の冒頭を見てみよう。

二年の留学中ただ一度倫敦塔《ロンドンとう》を見物した事がある。その後《ご》再び行こうと思った日もあるがやめにした。人から誘われた事もあるが断《ことわ》った。一度で得た記憶を二返目《へんめ》に打壊《ぶちこ》わすのは惜しい、三《み》たび目に拭《ぬぐ》い去るのはもっと残念だ。「塔」の見物は一度に限ると思う(42)。

最初の文の文頭に「余は」を補いさえすれば、ここにある五つの文は、三上の「ピリオド越え」の例証になっていることが分かる。『こころ』の冒頭もほぼ同じであり、とくに『夢十夜』の冒頭と末尾などは、驚くほどの一貫性を持って、「ピリオド越え」の例証になっている。

漱石の例だけから性急に一般化した結論を導き出すのは控えるべきだが、にもかかわらず、ここには何か考えてみるべきものがあるだろう。大野晋は、「室町時代には、係り結びは口頭語では崩壊していた[43]」と言うのだが、漱石の文章世界は、三上的に読む限りでは、それに対する一つの反証になっているという見方も可能であるかもしれない。三上章の言うハの「虚勢的な」係りに収斂する形で、「係り結び」が、室町時代以後どころか言文一致成立以後においてさえ、逆に、全面化ないし一般化したとは言えないだろうか。つまり日本語の文全体が、「は、も、徒」と「終止形をとる文末の活用語尾」との間の「係り＝結び」という形に収斂することになったと言えないだろうか。

私は三上と宣長の関係について次のように述べておいた。「おそらく三上は、宣長が『てにをは紐鏡』『詞の玉緒』において〈は、も、徒〉を一まとめにして〈右ノ行〉（結びが終止形である行）に置いたことにヒントを得て、〈日本語の文の特徴〉は〈述語の一本立て〉にあるという見方へと近づいていったのである[44]」。

宣長は、十八世紀後半の日本において、歌の世界でというよりも、日常言語のレベルで、ハの虚勢的係りが決定的な仕方で支配的になっている、ということを意識していたはずである。そして、宣長が、彼の時代の日本語についての観察を、過去の係り結びの世界に投射していたという可能性はないのだろうか。係り結び研究において、宣長は、日本語の陳述性をハが代表するようになっていたという時代意識を歌の世界に投射してはいなかっただろうか。それはともかくとしても、宣長の、いわゆる「係り結び」の研究におけるハの「係り結び」が、日本語口語文法における、三上の言う「ハの本務」とぴったりと呼応したものであるということだけは言えるのである。

三上章と柄谷行人

三上がハを「主題」(提題)の助詞と呼び、ハとニハを日本語における繫辞(コプラ＝繫ぐもの)と見なしていることはすでに見たが、[45] このことに対する私の疑問は二つある。一つは、ハを主題(提題)の助詞と名付けるのは正しいかどうかであり、もう一つは、西洋語(インド＝ヨーロッパ語)で言う繫辞に相当するものとは、日本語においてはハ、ただし、ニハも含めて、ハとニハとする、という見方は正しいかどうかである(三上は、ハとニハとの「二形とも認めて甲型、乙型とでも呼び分ける方が好都合である[46]」と言っている)。前者に関してはすでに意見を述べたので、[47] 後者について述べる。あくまでも疑問としてであるが、夏目漱石の小説における「ピリオド越え」と三上章の「日本語における繫辞(コプラ)」の規定を重ね合わせると、三上の規定を訂正する必要もあるのではないか、と私は推測しているのである。私の問い(疑問)は以下のようなものである。三上章によれば、もともと西洋の概念(用語)として日本に入ってきた繫辞(コプラ)に相当するものは、日本語においては、「ハ」である。ただし、三上は、「ニハ」をも別形として加えるのがいいだろうと言う。しかし、ニハをも加えるのであれば、なぜデハをも加えてはいけないのだろうか。どんな不都合があるというのだろうか。

以上の疑問提起をあえて行う理由を以下述べてみる。まず気づくことは、三上による「日本語のコプラはハであろう」という「繫辞（コプラ）」の規定と彼の「主題（提題）の助詞」の規定とがほぼ同じ規定になっているということである。私はそもそも三上の「主題」の概念に疑問を持っているが、同じことを「コプラ」の規定に対しても言いたい。私の見るところでは、三上の言う「主題」とは、実はもう少し緩やかな（ある意味ではより曖昧な）規定を許すものである。主題という語で三上が構想しているのは、人が言表を発するときの（発話時の）枠組み設定のことであると思う。「これこれについて言いますが」というときの枠の設定を指すのだと思う。そして、三上は、その枠の設定を「主題化（題目の選定）」と呼んだ上で、その言語形式を「Xハ」と「Xモ」の二つに限定しているのである。だが、実際には、この枠の設定は、最も根本的なものとして、「ピリオド越え」を指していると言うべきではないのか。三上が、日本語の持つ最も根本的な構文論的特性として述べていることを考慮すれば、このように理解するのが自然であると私は考える。次にその点の説明に移る。

日本語の構文論的根本は、西洋語における「主述の二本立て」ではなくて「述語の一本立て」であると三上は言う。述語一本立てとは、根本的には、いくつものピリオドを越えて前進し、述語（文末の陳述＝結び）の連鎖を先へ先へと進めうるという構文論的特性を指しているはずである。この特性を「ハ」の「虚勢的な係り」の趨勢（勢い）の中に認めうる特性と言いかえることもできると思う。日本人は、この趨勢（勢い）を日本語における根本的なリズムとして感じとっているはずである。上で見た漱石の文章世界に見られるピリオド越えがその典型的な例証をなしていると私には思われる。

ここで先送りにしてきた問題に対する意見を述べることにする。三上の見方からすれば、「日本語のコプラ」として、ハとニハだけではなく、デハを加えたとしても不都合は生じないのではないか、これが私の意見なのである。私は、むしろデハを含むのでなければ論理的ではないとさえ考えている。その理由を述べる。

まず、「Xハ」を甲型、「Xニハ」を乙型とし、そこに丙型として「Xデハ」を加えて、例文を列挙して見よう。全てピリオド越えの形で列挙する。

甲型（1）　私ハ、日本人だ。妻帯者だ。ハンサムだ……
甲型（2）　私ハ、娘がいる。犬もいる。猫もいる……
甲型（3）　日本ハ、山が美しい。海も美しい。女性も美しい……
乙型　私ニハ、娘がいる。犬もいる。猫もいる……

丙型（1） 日本デハ、山が美しい。海も美しい。女性も美しい……
丙型（2） 日本デハ、（私ハ）温泉に入る。海に行く。買物をする……

この例を見て気づくことは、丙型（2）を除くと、残りの例の間にはほとんど差がないことである。それでは三上はなぜ「Xデハ」型を除外したのであろうか。おそらく、「繋辞（コプラ）という西洋の概念に相当するものがあるとすれば」という限定を三上が守っているからである。言いかえれば、あくまでも命題文＝判断文の形式をモデルにして考えているからである。文法論と論理学との比較研究の枠を設けたという意味では、その限定は自然であろう。しかし、問題は残るのである。

私の疑問をもう一度繰り返す。なぜ「Xデハ」を外さないといけないのか。丙型（2）においては、文頭の「デハ」の背後に「（行為主体としての）私ハ」を暗黙に想定しているからという理由によるのだろうか。しかし、それならば、枠（三上なら題目と言うだろう）の設定においても、ピリオド越えにおいてもほとんど差の認められない丙型（1）を三上はどのように扱うのであろうか。ここには三上の理論的不徹底があるのではないのか。

しかし、三上の設けている基準は、おそらく、単純なものである。丙型（2）とその他の型との間にある差異が基準にされているのである。それは、他の全ての型においては、文末に置かれるものが「ダ、イル・アル、美しい」というようなものに限定されているが、丙型（2）だけは、無数の動詞の活用語尾を許容する形だからである。こうしてみると、三上の根本的な分類基準は、〈丙型（2）の動詞文〉対〈非動詞文（名詞文、形容詞文）〉という基準に従っていると思われる。

しかし、この境界基準はそれほどまでに絶対的なものなのだろうか。ほんの少し視点をずらしたら、別の境界画定の可能性が開けるのではなかろうか。だいいち、発話時における「枠の設定」から言っても、述語一本立てということから言っても、私が挙げた例のどこに大きな差が認められるというのだろうか。三上の設けている（デハを外すという）境界画定が絶対的なものだとはとても思えないのである。そのことを三上自身が次の文章によって示していないだろうか。

主語を廃止すると、述語だけが残る。述語一つがセンテンスを背負うのである。西洋の文が主述の二本立て（bipartite）であるのに対し、日本文はいわば述語の一本立て（unipartite）である。述語（広義）は用言の種々の活用形が受持つ。だから構文研究は、まず活用形のはたらきの研究でなければならない。[48]

ここで、本居宣長、西田幾多郎、時枝誠記、三上章の四人による「日本語のコプラ（繫辞）」

の定義における類似点とは何かという問いを立ててみよう。

先ずは三上と宣長の類似についてだが、すでに見たように、三上の言うハの「ピリオド越え」あるいは「虚勢的係り＝結び」は、宣長の係り結び研究における「は、も、徒」における「虚勢的係り＝結び」にほぼ完全に呼応するものである。

次に西田と三上の類似だが、西田によれば、空間的にはどこにも存在しないものとしての場所である「意識」の場所においては、円の重ね合わせがあるとされる。[49]「底の方へ」と無限に逃れゆく形の「無の場所」（円形）の重ね合わせがあるとされる。西田は、私の見るところでは、道元の「古鏡」（『正法眼蔵』第十九）を念頭においているはずである。西田の「場所」のイメージは、対象物としては存在しない「古鏡」（プラトンのコーラに近似した鏡面としての場所）のイメージであると私は思う。いずれにせよ、西田は、一種の「深淵化＝入れ子化」（mise en abyme）の構造[50]、円の重なりの多重構造をイメージしているに違いない。そして、無限に反射を重ねて遠のいて行く深淵化＝入れ子型化のイメージとして語られているものは、おそらく、西田が直感している日本語の「ピリオド越え」に呼応したものなのである。西田の「包摂」のイメージとはこのようなものである。

私の推測が的外れでない場合には、本居宣長、西田幾多郎、三上章の三名は、日本語におけるコプラ（繋ぐ辞）をほぼ同じイメージでとらえていると言えるだろう。彼らは、係っては結び係っては結んで進んで行く構文論的勢い（リズム）の中に、あるいは包んでは包まれ包んでは包まれ、前方（遠方）へ前方（遠方）へと進んでいく多重化・深淵化・入れ子化として日本語のコプラ（繋ぐもの、統合するもの）を感じとっているだろう。漱石がそうであったようにである。

最後に時枝誠記だが、時枝は、すでに述べたように、「辞」の規定を、本居宣長の側からというよりは、鈴木朖の「言語四種論」の側から考えたので、宣長の「辞」の定義からは少し外れている。[51] また、西田の影響下で、「詞＝客体的表現」「辞＝主体的表現」という規定を基にして考えているので、逆に、西田がイメージしている究極的な無の場所、つまり「周辺なき円」としての場所の包摂とも少し外れている。[52] しかし、この点を留保した上ではあるが、時枝の理論には西田と本質的に共鳴し合う重要な一点が含まれてはいるだろう。最後にその点をぜひとも指摘しておかなければならない。

構文論的には、三上が考えているように、たしかにピリオド越え＝虚勢的な係りが根本的であるとしても、それでもなおかつ、ピリオド越えにおいてさえも、可能性としては常に、時枝が考えているように、「主体的表現＝辞」が「無限大の円を包むもの、即ち周辺なき円」[53] の審級（レベル）として存在しているのである。

以上のことを確認したところで、それでは次に、ピリオド越えと繋辞についての暫定的な結論を述べることにする。

日本語においては、文頭にくるもの（詞）と文末にくるもの（助詞または用言の活用語尾または零記号）、この二つは、どのようにつながれている（統合されている）のであろうか。インド＝ヨーロッパ語（屈折語）においては、柄谷の言うように、「主語と述語を分割し且《か》つつなぐ繋辞《けいじ》としての be」によってである。日本語（膠着語）においては、三上の言うように、述語一本立てという構文論的構造が問題なのだから、インド＝ヨーロッパ語の中で生み出された存在論、存在論的判断論において問題になる用語としての繋辞（コプラ）は、伝統的な判断論の文形態として比較した場合には、ほぼ日本語のハがそれにあたると見ていいように思われる。しかし、それは、さっき見たように、西洋の文を基準にして考えた場合にはという限定を付けないと意味をなさない。

私としては、丙型（2）を含む形で「ピリオド越え」があるときには、常に日本語における繋辞（それがあるとして）に相当するものが働いている（職能を発揮している）のだと考えたい。つまり、具体的な形で明示できる助詞（辞）の職能というよりも、概念に還元できない「働き」として感じとられている何ものかなのではないかと思うのである。私は、「日本語のコプラはハであろう」という三上の定義は、ある限定を設けて言った場合には、非常に優れたものであると思う。しかし、これが定義の決定打だとは思わない。何かがまだ欠けているように思えてしかたないのである。その何かをつきとめるヒントを与えているのが柄谷行人の論考であると私は感じている。三上が正しいか、柄谷が正しいかを二者択一的に決するのは愚かであろう。どちらも正しいことを言っているはずだからである。試されているのは、最先端を行くこの二人の後に続く者たちが彼らを一歩前進させうるかどうかである。

注

(1) このテーマに関しては「近代の超克」を参照されたい(柄谷行人『〈戦前〉の思考』講談社学術文庫、二〇〇一年、九九―一二八頁)。
(2) 「非デカルト的コギト」(一九九二)の中で、婉曲的にではあるが、それが語られている(柄谷行人『ヒューモアとしての唯物論』講談社学術文庫、一九九九年、一〇七頁、一一三頁参照)。
(3) 柄谷の範疇に入ってくるような論考ではなかったのであろう。柄谷は、近代の超克の範疇にすっぽりと収まってしまうような論考には関心がなかったということだろう。
(4) 本書、一六五頁参照。
(5) 丸山眞男『日本の思想』岩波新書、一九六一年。
(6) 丸山眞男『日本政治思想史研究』東京大学出版会、一九五二年。
(7) 丸山眞男『忠誠と反逆』筑摩書房、一九九二年、二九一―三五一頁。
(8) 池上嘉彦『「する」と「なる」の言語学』大修館書店、一九八一年、三〇一頁。
(9) 柄谷行人『〈戦前〉の思考』前掲書、一二九―一六四頁。
(10) 『批評空間』に一九九二年から九三年にかけて「日本精神分析」というタイトルで四回連載された。
(11) 『思想』岩波書店、二〇〇六年八月号、五四―六九頁。
(12) 柄谷は「私は一九八六年に『註釈学的世界』という連載のエッセイを書きはじめた」と

言っている（柄谷行人『ヒューモアとしての唯物論』前掲書、三三六頁）。
（13）柄谷行人『差異としての場所』講談社学術文庫、一九九六年所収の「批評とポスト・モダン」（一九八四年）の時期である。
（14）柄谷行人『定本・柄谷行人集4「ネーションと美学」』岩波書店、二〇〇四年、二一四—二一五頁。
（15）同右、二〇九—二四六頁。
（16）同右、二三〇頁。
（17）柄谷行人『〈戦前〉の思考』前掲書、一三二頁。
（18）柄谷行人『定本柄谷行人集4「ネーションと美学」』前掲書、二二一頁。
（19）柄谷行人『日本精神分析』文藝春秋、二〇〇二年、九九頁。
（20）柄谷行人、『定本柄谷行人集4「ネーションと美学」』前掲書、二二六—二二七頁。
（21）「彼らが完全に見落としているのは、『万葉集』とか『古事記』だとか『源氏物語』とかいったものがその当時あった音声を表記したのではなくて、すでに漢字を前提にしたエクリチュールによって可能になっていた、ということです」（柄谷行人『〈戦前〉の思考』前掲書、一五三頁）。
（22）同右、一四七—一四九頁参照。
（23）本書、一七四頁。
（24）本書、四九—五四頁参照。
（25）本書、一六六頁。
（26）本書、二一八頁参照。
（27）三上と和辻の不一致点はすでに述べた（本書、二二二—二二六頁）ので、ここでは柄谷の見解を引用しておこう。「日本においては、存在論は、日常言語とのかかわりをもたず、漢字で表記される概念としてのみ受けとられている。それは、今日、西洋の存在論が論じられる場合でも同じである。しかし、それを〈である〉と〈にある〉とか、〈ある〉と〈いる〉とかいった日本語での区別をもとに比較することは不毛である」（柄谷行人『ヒューモアとしての唯物論』前掲書所収「非デカルト的コギト」、一一〇頁）。
(28) 三上章『文法小論集』（新装版）、くろしお出版、二〇〇二年、四六—四七頁参照。ここには「存在文」についての言及がある。
(29) 本書、一七三—一七八頁参照。
(30) 柄谷行人『ヒューモアとしての唯物論』前掲書、九八頁に引用されている。
(31) これをテーマにする以前にすでに「存在」についての鋭い省察がなされていた（『定本・柄谷行人集2「隠喩としての建築」』岩波書店、二〇〇四年、一二五—一三四頁）。
(32) 柄谷行人『ヒューモアとしての唯物論』前掲書、一〇八—一〇九頁。
(33) 柄谷行人『〈戦前〉の思考』前掲書、一五八頁。
(34) 時枝誠記『國語學原論』岩波書店、一九四一年、二三八—二四〇頁、三五三—三五五頁参照。
(35) 本書、五一—五三頁。
(36) 西田が、時枝とはちがって、格助詞による包摂を重視していないからである。つまり、包摂という概念を、文末における包摂に限って用いているからである。
(37) 柄谷行人『〈戦前〉の思考』前掲書、一五八—一五九頁。
(38) 同右、一五九—一六〇頁。
(39) 本書、一三九—一四四頁参照。
(40) 本書、一三〇頁参照。
(41) 三上章『象は鼻が長い』（新装版）二〇〇二年、一一八頁。

(42)『夏目漱石全集2』筑摩文庫、一九八七年、九頁。
(43)大野晋『係り結びの研究』岩波書店、一九九三年、四頁。
(44)本書、一四二頁。
(45)本書、一七七頁。
(46)三上章『日本語の論理』前掲書、八頁。
(47)本書、七九—八七頁。
(48)三上章『続・現代語法序説』くろしお出版(新装版)、一九九四年、七頁。
(49)本書、六三頁参照。
(50)ジャック・デリダ『コーラ　プラトンの場』未來社、二〇〇四年、三九頁参照。
(51)本書、六五—六六頁参照。
(52)本書、五四—五七頁参照。
(53)西田幾多郎『西田幾多郎哲学論集I』岩波文庫、一九八七年、二八二頁。

あとがき

本書は、藤原書店の季刊誌『環』に「日本語で思考するということ」というタイトルで七回にわたって連載されたものからなっている。『環』の第四号（二〇〇一年冬号）の日本語論特集号に「西田幾多郎と日本語――〈場所の論理〉と助詞」を寄稿したという経緯もあり、日本の思想家と日本語の問題をもう少し念を入れて書いてみたいという思いが私にはあった。しかし、この論文を書くきっかけとなったのは、柄谷行人『〈戦前〉の思考』の中の「文字論」との出会いであった。西田と日本語、宣長と日本語というテーマに日本語の文字の問題から迫って行く柄谷の省察は新鮮かつ衝撃的であった。にもかかわらず、私は、柄谷とは逆に、徹底的に文法にこだわる方向に向かった。柄谷の問題提起との生産的対話を実現するためには、彼がほとんど踏み込んでいない構文論（文法）の側から彼の問題提起を受け止める必要があると考えたからである。そして、私の選択は間違ってはいなかったと思っている。

私は、あくまでも日本語をフランス人学生に教えるという環境の中で日本語に向き合ってきた人間である。私は、一年生の仏文和訳の授業において、長年、相互に深く関連している二つの大きな問題を抱えていた。それは、助詞の全体の中で占める格助詞というカテゴリーの弁別特徴をどのようにとらえるかという問題、それと、三上章が「主語」を排して「主題」という用語で語るべきだとしている「ハ」の問題であった。この問題を考えている過程で私は西田幾多郎の「場所」というテクストに強い関心をかきたてられた。ほどなくして柄谷行人の「文字論」に出会うことになったのである。私はここから時枝誠記の口語文法論、本居宣長の『詞の玉緒』、鈴木朖の「言語四種論」、中村雄二郎の『西田幾多郎』などを読むことになったのである。

改めて思い返してみても、やはり柄谷行人の「文字論」との出会いが決定的だったのだと思う。すでに三上章の文法論には馴染んでいたが、柄谷の文字についての論考を読んだのをきっかけにして、私の中で、三上章の言うハの「ピリオド越え」と本居宣長の係り結び研究における「は、も、徒」による係り＝結びが相互につながって見えだしたのである。私には、まず、三上と宣長との著しい類縁性の確認がやってきた。その後に、時枝における包摂のテーマと、西田の場所論における包摂のテーマの間にある類似性と差異性について考えることになったのである。この二つがある程度自分の頭の中でつながるようになってから、ようやくにして、私は宣長の「詞と辞」の語学説を時枝の「詞と辞」の言語論と重ねて考えるという方向に向かったのである。

最終章にいたって、ようやくにして柄谷の「文字論」について少しだけ言及したが、この文字についての論考の中で提起されている問題の射程は遠大なものであり、文法論の側からそれに見合うだけの論考を展開することは今の私にはできなかった。最小限の確認だけはなし得たと思うが、語り残したものがいくつもある。それにまた、確認すべきことがまだたくさん残されてもいる。朝鮮語と日本語の比較による確認事項を筆頭に。

「日本語と日本思想」をテーマにすることには大きな勇気が要求された。未踏の地に踏み込んでいく蛮勇が要求された。私の手引きになってくれたものもまた不如意をものともせずに未踏の地に踏み込んでいった孤独な戦士である三上章と柄谷行人の二人だったのである。

本書がなるまでには多くの方々の御世話になった。国際哲学コレージュのセミネール（Lieu-dialectique. Le motif hégelien dans la philosophie de Nishida）で西田と時枝についての発表（「西田の場所の論理と日本語——包摂と存在の問い」二〇〇三年六月一六日）の機会を提供して下さったBernard Stevens氏、アルザス・欧州日本学研究所でのシンポジウム（La philosophie du Japon au XXème siècle: l'espèce, le corps, l'entre.）での発表（「日本現代思想における両刃の剣たる〈あいだ〉概念」）の機会を与えて下さったSakae Giroux Murakami女史、Daseinsanalyse（現存在分析）セミネール（NRS Ulm）での発表（「木村敏と廣松渉における間主観性の問い」）の機会を与えて下さったFrançoise Dastur女史にお礼申し上げる。また、石垣貴千代、本間邦雄、金子正明、ブリス・フォコニエ諸氏には文献入手で御世話になった。外国暮らしの私をどれだけ勇気づけてくれたかしれない。厚く感謝する。

最後に、季刊誌『環』への連載という貴重な機会を与えて下さった藤原良雄氏に心から感謝する。また、七回の連載と本書の入念な校正をして下さった上に激励と支援を惜しまれなかった藤原書店編集部の西泰志氏に厚く感謝する。

二〇〇七年一二月三〇日　ブリュノア

浅利　誠

＊本書は、『環』誌上の連載「日本語で思考するということ――日本語によって作られた思想家たち」（『環』25号、26号、27号、28号、30号、31号、32号掲載）を、加筆補正した上で単行本化したものである。

著者紹介

浅利 誠（あさり・まこと）

1948年，青森市生まれ。1978年，早稲田大学大学院修士課程（哲学専攻）修了。1985年，パリ第三大学博士課程（フランス文学専攻）修了。2005年，フランス国立東洋言語文化大学日本学部 Habilitation（教授資格）取得。現在，フランス国立東洋言語文化大学日本学部助教授。専門は，哲学・日本現代思想。著書に『他者なき思想』（共編著，藤原書店）『三島由紀夫 VS 東大全共闘　1969-2000』（共著，藤原書店）『シュルレアリスムの射程』（共著，せりか書房）『文化解体の想像力』（共著，人文書院）*Pensée de l'expérience, travail de l'expérimentation au sein des surréalismes et des avant-gardes en Europe*（共著，Peeters）訳書にフィリップ・ラクー=ラバルト『政治という虚構』（共訳，藤原書店）。

日本語《にほんご》と日本思想《にほんしそう》——本居宣長・西田幾多郎・三上章・柄谷行人

2008年2月29日　初版第1刷発行©
2008年4月30日　初版第3刷発行

著　者　浅　利　　誠

発行者　藤　原　良　雄

発行所　株式会社　藤　原　書　店

〒162-0041　東京都新宿区早稲田鶴巻町523
TEL　03（5272）0301
FAX　03（5272）0450
振替　00160-4-17013

印刷・製本　中央精版印刷

落丁本・乱丁本はお取り替えします
定価はカバーに表示してあります

Printed in Japan
ISBN978-4-89434-614-7